QU

CW01646282

La Vᵉ République

JEAN-FRANÇOIS SIRINELLI

Deuxième édition

8ᵉ mille

DU MÊME AUTEUR

Les Intellectuels en France, de l'affaire Dreyfus à nos jours, en collaboration avec Pascal Ory, Paris, Armand Colin, « U », 1986, nouv. éd., 2002.
Génération intellectuelle. Khâgneux et normaliens dans l'entre-deux-guerres, Paris, Fayard, 1988, rééd., Paris, PUF, « Quadrige », 1994.
Intellectuels et passions françaises. Manifestes et pétitions au XXe siècle, Paris, Fayard, 1990, rééd., Paris, Gallimard, « Folio », 1996.
Histoire des droites en France (dir.), 3 vol., Paris, Gallimard, 1992, rééd., Gallimard, « Tel », 2006.
La France de 1914 à nos jours, en collaboration avec Robert Vandenbussche et Jean Vavasseur-Desperriers, Paris, PUF, 1993, nouv. éd., 2004.
Sartre et Aron, deux intellectuels dans le siècle, Paris, Fayard, 1995, rééd., Paris, Hachette, « Pluriel », 1999.
Dictionnaire historique de la vie politique française au XXe siècle, Paris, PUF, 1995, rééd., Paris, PUF, « Quadrige », 2003.
Pour une histoire culturelle, en codirection avec Jean-Pierre Rioux, Paris, Le Seuil, 1997.
Le temps de masses, t. IV de l'*Histoire culturelle de la France,* en collaboration avec Jean-Pierre Rioux, Paris, Le Seuil, 1998, rééd., Paris, Le Seuil, « Points », 2005.
Culture et action chez Georges Pompidou, en codirection avec Jean-Claude Groshens, Paris, PUF, 2000.
La France d'un siècle à l'autre, en codirection avec Jean-Pierre Rioux, Paris, Hachette Littératures, 1999, rééd., Paris, Hachette, « Pluriel », 2002.
Aux marges de la République, Paris, PUF, « Le Nœud gordien », 2001.
La culture de masse en France de la Belle Époque à aujourd'hui, en codirection avec Jean-Pierre Rioux, Paris, Fayard, 2002, rééd., Paris, Hachette, « Pluriel », 2006.
L'histoire des intellectuels aujourd'hui, en codirection avec Michel Leymarie, Paris, PUF, 2003.
Les baby-boomers. Une génération, 1945-1969, Paris, Fayard, 2003, rééd., Paris, Hachette, « Pluriel », 2007.
L'Humanité, de Jaurès à nos jours, en codirection avec Christian Delporte, Claude Pennetier et Serge Wolikow, Paris, Nouveau Monde Éditions, 2004.
Michel Debré, Premier ministre, en codirection avec Serge Berstein et Pierre Milza, Paris, PUF, 2005.
Giscard d'Estaing et l'Europe, en codirection avec Serge Berstein, Paris, Armand Colin, 2005.
Comprendre le XXe siècle français, Paris, Fayard, 2005.
La culture de masse en Europe et dans les Amériques, 1880-1939, en codirection avec Jean-Yves Mollier et François Vallotton, Paris, PUF, 2006.
Jacques Chaban-Delmas en politique, en codirection avec Bernard Lachaise et Gilles Le Béguec, Paris, PUF, 2007.
Les Vingt Décisives. Le passé proche de notre avenir, 1965-1985, Paris, Fayard, 2007.
Les Années Giscard. Les réformes de société, 1974-1981, en codirection avec Serge Berstein, Paris, Armand Colin, 2007.
Culture et guerre froide, en codirection avec Georges-Henri Soutou, Paris, Publications de la Sorbonne, 2008.
Mai 68. L'événement Janus, Paris, Fayard, 2008.

ISBN 978-2-13-057602-0

Dépôt légal — 1re édition : 2008
2e édition, 3e tirage : 2010, novembre

6, avenue Reille, 75014 Paris

INTRODUCTION

Pour un historien, tenter de rendre compte du demi-siècle d'existence de la Ve République, c'est étudier un objet toujours bien vivant et donc admettre d'emblée qu'il ne dispose pas de toute la distance chronologique nécessaire pour opérer les fécondes mises en perspective que lui permet l'analyse de périodes plus éloignées. Non qu'il lui soit interdit de travailler sur des phases récentes de notre histoire nationale : il est, au contraire, désormais admis que l'histoire dite du temps présent est pleinement légitime. Les difficultés encourues, en fait, sont beaucoup plus banales. Comment, sans réel recul, distinguer l'essentiel de l'accessoire, le conjoncturel du structurel ? Surtout, comment, dans de telles conditions, reconstituer le métabolisme historique fort complexe du régime politique né en 1958 ? Ce régime, on le verra, a connu un enracinement rapide et a montré une réelle capacité d'adaptation, mais, en même temps, cet enracinement a eu lieu dans un terreau – la France prospère du cœur des années 1960 – qui est devenu par la suite très friable et, pour cette raison même, cette capacité n'est pas forcément infinie. De surcroît, cet historien, qui n'est pas devin, n'a pas vocation à formuler un pronostic sur l'avenir de l'organisme Ve République. Cela étant, il peut en montrer les circonstances de naissance, les conditions de croissance, les facteurs d'évolution et les paramètres d'altération.

Une telle étude, on l'aura compris, entend demeurer sur le seul registre de la discipline historique. On pourrait aussi, sous le même titre, rédiger un livre de science politique ou de droit constitutionnel, démarches au demeurant tout aussi justifiées que l'approche historique. Mais c'est bien une telle approche qui est ici privilégiée, et dont découle le plan adopté, forcément chronologique. Une telle approche s'impose, en effet, tant l'histoire de la Ve République est liée à l'évolution de la communauté nationale qui la porte. D'autant qu'à la grande métamorphose intervenue durant ce que l'on peut appeler les Vingt Décisives (1965-1985) sont venues s'ajouter d'autres mutations plus récentes : le passage à une société post-industrielle, l'entrée en globalisation et l'immersion dans la culture-monde. Autant de constats qui légitiment une approche chronologique, qui permet tout à la fois d'analyser les crises conjoncturelles et de mettre en lumière les mouvements structurels de la démocratie française modèle 1958 révisé 1962.

Pour une telle tâche, certaines orientations actuelles de l'historiographie française peuvent se révéler fécondes, et notamment l'histoire culturelle du politique. L'étude de la vie politique, en effet, ne se réduit pas à l'analyse – qui reste fondamentale – du jeu politique, de ses acteurs et de leurs luttes. Plus largement, il convient aussi de sonder les représentations mentales de ces acteurs : comment un régime politique est-il perçu aussi bien par une conscience individuelle que par un agrégat d'individus, et quels sont les mécanismes, au demeurant complexes, d'approbation et de ralliement, ou au contraire de déni et d'opposition, qui en découlent ? Tenter de répondre à de telles questions est utile pour l'étude de la représentation de l'État, en permettant de dépasser l'observation – indispensable – des principes de *légalité* d'un régime politique pour prêter également attention aux processus de *légitimité* : comment ce régime s'enracine-t-il dans un terreau socioculturel et dans quelle mesure se constitue éventuellement un écosystème, que l'on peut définir comme un équilibre, toujours fragile, entre un régime politique et socle socioculturel – une société, dans sa morphologie mais aussi dans ses normes et ses valeurs – qui le porte ? Les institutions dont se dote un groupe humain à une époque donnée sont donc un bel objet d'histoire, mais à condition d'étudier aussi les mécanismes qui en facilitent le maintien et en favorisent l'éventuelle pérennité. Cette étude est d'autant plus nécessaire, quand il s'agit d'une démocratie représentative, que celle-ci ne peut perdurer que si des mécanismes d'approbation ou de ralliement implicites ou explicites fonctionnent. Ce qui débouche sur l'un des objectifs d'une histoire culturelle du politique : l'analyse des connivences et des sensibilités partagées. Une telle analyse est indissociable d'un intérêt pour le sujet agissant mais aussi pensant : l'acteur politique est tributaire sur l'agora, dans l'action même qui lui confère cette identité d'acteur, des opérations mentales de saisie du monde qui l'entoure, ici la France du second XXe siècle et des débuts du siècle suivant.

PREMIÈRE PARTIE

LE MODÈLE 1958 RÉVISÉ 1962 : TROIS DÉCENNIES D'ÉQUILIBRE DE L'ÉCOSYSTÈME QUINTO-RÉPUBLICAIN (1958-1988)

Née au temps des Trente Glorieuses, la Ve République a été confrontée, au moment même où elle venait de s'enraciner et de surmonter la phase délicate de départ de son fondateur, à une inversion de la conjoncture socio-économique. Comme l'écrira Jean Fourastié en 1979, les deux chocs pétroliers des années 1970 ont entraîné la fin des « années faciles » et le régime a dû bientôt, de ce fait, affronter une réelle déchirure du tissu social, ainsi qu'un trouble profond de l'esprit public. En même temps, cette apparition et ce développement de la crise n'ont pas empêché la poursuite de la mutation socioculturelle amorcée précédemment et qui s'éploie durant les Vingt Décisives (1965-1985) de la société française. C'est donc à une France profondément atteinte par l'ébranlement des années 1970 mais aussi profondément transformée par cette grande mutation que le régime de la Ve République dut continuer à fournir un cadre politique. Dès lors, une question se pose à l'historien : ces changements de configuration économique et sociale sont-ils plus importants, pour la compréhension du métabolisme de ce régime, que l'alternance politique de 1981 ou la première cohabitation de 1986 ? Si ces deux épisodes ont confirmé la capacité des institutions à réguler sans crise aiguë les mouvements de balancier du corps politique, ce changement de configuration, en revanche, a progressivement soumis la Ve République à de nouvelles tensions.

Chapitre I

1958-1968 : LE TEMPS DE L'ENRACINEMENT

Si la Ve République a une date de naissance – le 28 septembre 1958 –, son histoire est difficilement dissociable des conditions de la disparition du régime qui la précéda. Comme cette histoire a été faite dans l'ouvrage de la même collection consacré à la IVe République[1], on ne reviendra ici que sur les éléments nécessaires à la compréhension des circonstances et des modalités de cette naissance. Au commencement, il y eut le 13 mai 1958 et la crise politique qui s'ensuivit. À la suite de cette crise, le général de Gaulle devient président du Conseil le 1er juin. Mais cette désignation n'est pas seulement la énième crise ministérielle de la IVe République : elle en sonne le glas et le général de Gaulle sera le dernier président du Conseil de cette République. Le lendemain 2 juin, en effet, celui-ci obtient par un autre vote de l'Assemblée nationale l'autorisation de préparer une nouvelle Constitution. Si la Ve République ne naît que le 28 septembre, il est possible de considérer que ce vote du 2 juin constituait l'arrêt de mort de la IVe République. Dès lors, une question à la fois historique et historiographique de-

1. Pascal Cauchy, *La IVe République*, Paris, PUF, « Que sais-je ? », 2004, p. 114-120.

viendra récurrente : une telle mort a-t-elle été préméditée ? La réponse est complexe et renvoie, en amont, vers le 13 mai. En effet, le 1er juin, le processus est déjà tacitement enclenché : le général a subordonné son retour au pouvoir à la possibilité de réformer les institutions. La question est donc plutôt de savoir si son retour au pouvoir a été le fruit d'un complot, permettant à terme un changement de régime. Ses adversaires, en tout cas, considéreront que, de fait, complot il y eut et parleront même, pour certains d'entre eux, de « coup d'État ». Et sur la Ve République pèsera, sous bien des plumes, surtout durant la première décennie de son existence, un soupçon de naissance impure, fruit d'un coup de force ou, pour le moins, de la crainte savamment orchestrée d'une situation de guerre civile.

I. – Le compromis de 1958

Pour autant, et quelle que soit la thèse retenue pour l'interprétation du déroulement de la crise de mai, il reste que la procédure de retour au pouvoir du général de Gaulle fut constitutionnellement régulière. Bien plus, durant l'été qui suit, le soin de rédiger un projet de constitution est confié à un comité présidé par Michel Debré, ministre de la Justice. Le 4 septembre, le général de Gaulle présente ce projet au pays, dans un discours symboliquement prononcé place de la République. La date est également choisie à dessein : le 4 septembre 1870, la République avait été proclamée, le Second Empire étant emporté par la défaite de Sedan. Et, ainsi qu'il avait été déjà annoncé au début du mois de juin, de Gaulle rappelle que les Français se prononceront sur ce projet par voie de référendum, fixé au 28 septembre. Ce jour-là, la réponse du peuple français est dépourvue d'ambiguïté : les nouvelles institutions sont approuvées par 79 % des suffrages exprimés. Un tel résultat est d'autant plus notable que le Parti communiste avait appelé à voter « non », ainsi qu'une minorité de socialistes et de radicaux, et quelques personnalités de gauche de premier plan comme Pierre Mendès France et François Mitterrand. Et l'appui donné au projet constitutionnel est d'autant plus clair que les électeurs sont venus voter massivement : avec 84 % de participation, on est loin de la République précédente, où près du tiers de l'électorat s'était abstenu au moment du référendum de naissance en octobre 1946. Ce taux de participation et la proportion très élevée de « oui » confèrent aux nouvelles institutions une indéniable légitimité.

1. **De nouvelles institutions.** – Celle-ci vient s'ajouter au principe de légalité : le référendum du 28 septembre ayant, d'une certaine façon, conféré au peuple souverain le pouvoir constituant, la Constitution se trouve *de facto* adoptée ce jour-là, que l'on peut, de ce fait, considérer comme la date de naissance du nouveau régime. Celui-ci est le fruit d'un compromis entre les conceptions gaulliennes, exprimées notamment dans le discours de Bayeux en 1946, et celles des responsables politiques quarto-républicains qui ont accepté le retour du général de Gaulle et le principe d'une nouvelle Constitution. Celle-ci tranche indéniablement avec le dispositif institutionnel de la IVe République. Le pouvoir exécutif se trouve renforcé, avec un président de la République doté de prérogatives élargies : élu par un collège électoral de 80 000 membres et non plus par le Parlement, il nomme le Premier

ministre, possède le droit de dissolution et peut recourir au référendum pour des questions concernant l'organisation des pouvoirs publics. Face à un Président ainsi renforcé dans ses prérogatives et donc dans son rôle, le Parlement, constitué de deux chambres, voit son pouvoir rabaissé. L'Assemblée nationale, élue pour cinq ans, ne peut renverser le gouvernement que par une motion de censure – ou par le rejet d'une question de confiance posée par le Premier ministre – et elle n'est pas véritablement maîtresse de son ordre du jour. Son rôle législatif et budgétaire est étroitement encadré et canalisé. Le Sénat, désigné au suffrage indirect pour neuf ans, se trouve pour sa part cantonné dans un rôle de confirmation des lois.

Le gouvernement, de son côté, « détermine et conduit la politique de la Nation ». Une telle formulation laisse une marge d'incertitude pour ce qui concerne l'autonomie du Premier ministre face au président, qui le nomme. Il y a bien là, dès le départ, une question structurelle susceptible de revêtir deux formes de dysfonctionnement : quand les deux personnages de la dyarchie quinto-républicaine appartiennent à la même majorité, le second doit-il être cantonné à un rôle d'exécution de la politique en fait « déterminée » à l'Élysée ? Et, *a fortiori,* que se passera-t-il quand ces deux personnages n'appartiendront pas à la même majorité ?

Ces institutions de la Ve République s'enracinent d'autant plus profondément dès cet automne 1958 qu'elles reçoivent à nouveau, indirectement cette fois, l'onction du peuple souverain deux mois plus tard au moment des élections législatives de novembre. Les gaullistes, qui n'existaient plus qu'à l'état résiduel dans l'Assemblée nationale de la fin de la IVe République, connaissent, en effet, une spectaculaire résurrection : regroupés au sein de l'Union pour la nouvelle République (UNR), ils obtiennent 188 députés, soit presque 30 % des sièges. Inversement, le Parti communiste, qui avait préconisé le « non » au référendum, connaît un très fort recul, passant de 25,9 % des suffrages exprimés en 1956 à 19,2 % en 1958. Ce recul frappe d'autant plus les esprits que les autres partis importants de la IVe République qui s'étaient prononcés pour le « oui » le 28 septembre parviennent à mieux préserver leurs positions deux mois plus tard : SFIO, MRP et indépendants restent bien présents dans l'Assemblée nationale issue des élections législatives de novembre.

Celle-ci a été élue selon un nouveau mode de scrutin, uninominal à deux tours. Le changement est radical par rapport à la IVe République, où prévalait, pour l'élection des députés, le principe proportionnel. Dans l'esprit de ses concepteurs, le nouveau type de scrutin doit permettre de dégager des majorités cohérentes. De telles majorités, il est vrai, ne sont possibles que dans deux cas de figure. D'une part, un parti dominant, à droite ou à gauche, parvient à lui seul, grâce notamment à l'effet amplificateur du second tour, à être majoritaire à l'Assemblée : au cours des premières décennies de la Ve République, une telle situation ne se présentera que deux fois, pour les gaullistes en juin 1968 et pour les socialistes en 1981, après la victoire de François Mitterrand à l'élection présidentielle. D'autre part, s'il reste ainsi difficile pour un parti d'obtenir seul la majorité absolue des sièges, le nouveau mode de scrutin incite quasi mécaniquement à des alliances politiques permettant des désistements entre les deux tours. Il y a bien là, en germes, un facteur de bipolarisation de la vie politique française.

Cela étant, à cette date manque à une telle bipolarisation, pour s'amorcer réellement, le facteur déclenchant que constituera à partir de 1962 l'élection du président de la République au suffrage universel, avec deux candidats seulement présents au second tour. De ce point de vue, il apparaît bien que la Constitution de 1958 reste alors, à bien des égards, un compromis. Ce n'est qu'en 1962 que le général de Gaulle engagera le fer sur cette question. Pour l'heure, l'article 6 des institutions adoptées le 28 septembre prévoit que le président de la République est élu par un collège électoral composé des députés, des sénateurs, des conseillers généraux et de représentants des conseils municipaux.

Le 21 décembre 1958, 78,5 % de ces grands électeurs se prononcent en faveur du général de Gaulle. Celui-ci, après avoir été le dernier président du Conseil de la IVe République, devient ainsi le premier président de la Ve République. Il entre officiellement en fonction le 9 janvier 1959 et, le lendemain, il désigne Michel Debré comme Premier ministre. Les principaux organes de pouvoir prévus par la Constitution – hormis le Sénat, dont les élections interviendront un peu plus tard – sont désormais en place et la phase de changement institutionnel ouverte huit mois plus tôt à la suite de l'onde de choc du 13 mai 1958 se termine. Le problème algérien, en revanche, reste entier, et il allait encore se prolonger durant trois ans et demi.

2. **Face à la guerre d'Algérie.** – Si ces années ont été rudes pour la jeune République, elles ont contribué par leur densité même à son enracinement : chaque crise alors surmontée semblait faire, en effet, la preuve de l'efficacité du nouveau régime, alors que c'est bien

la guerre d'Algérie qui avait contribué, au moins indirectement, à la chute de la IVe République. On ne peut détailler ici les circonstances et les modalités de chacune de ces crises. Globalement, il apparaît possible de distinguer rétrospectivement trois grandes phases dans la gestion gaullienne du conflit algérien. La première ne diffère guère, au moins en apparence, de la politique menée jusqu'ici par les derniers gouvernements quarto-républicains. Certes, le général de Gaulle avait prononcé début juin 1958 un sibyllin « je vous ai compris » devant la foule algéroise, mais à l'automne suivant il s'en était tenu à des promesses de réformes (plan de Constantine) en appelant de ses vœux une « paix des braves ». C'est, en fait, à la fin de l'été suivant qu'intervient la première inflexion décisive : le 16 septembre 1959, le général de Gaulle évoque le principe de « l'autodétermination », énumérant trois formules possibles pour l'avenir de l'Algérie. C'est aux habitants de ces départements algériens de se prononcer sur leur avenir, qui pourrait être placé sous le signe du maintien de l'Algérie française, de la sécession ou de l'association. Si le chef de l'État, à cette date, n'exprime pas une préférence, les partisans de l'Algérie française éprouvent dès ce moment le sentiment d'avoir été trompés. De là provient un très fort contentieux entre les « pieds-noirs » et de Gaulle. Quelques mois plus tard, du reste, en janvier 1960, l'épisode de « la semaine des barricades » à Alger illustre bien l'ampleur de ce contentieux, qui va encore s'accroître en septembre 1960, quand le président de la République évoque pour la première fois l'éventualité d'une « République algérienne ». Commence ainsi une troisième phase, durant laquelle le général de Gaulle bénéficie du soutien de l'opinion : ainsi, en janvier 1961, un référendum portant sur le principe de l'autodétermination obtient 75,2 % de « oui ». Si la résolution du conflit par la Ve République prend, en définitive, autant de temps que ce que ce qu'avait été la durée de la confrontation de la IVe République à la même question algérienne – un peu moins de quatre ans dans chacun des cas –, le nouveau régime reste maître de la situation lors de chacune des crises et la position du général de Gaulle en sort même renforcée. Déjà, en 1960, « la semaine des barricades » s'était en définitive terminée à l'avantage du pouvoir ; bien plus, l'année suivante, le « putsch des généraux » à Alger, situation historique objectivement encore plus grave que les événements du 13 mai 1958, tourne court et l'exécutif paraît avoir conservé de bout en bout la maîtrise de la situation. Il s'agit non seulement d'un succès à porter au crédit de la Ve République mais d'un pilotis supplémentaire qui ancre encore davantage ce régime, après la double onction populaire de l'automne 1958.

De surcroît, le général de Gaulle, qui avait amorcé des négociations avec le FLN algérien, voit celles-ci aboutir à la signature des accords d'Évian le 18 mars 1962, massivement approuvés par 90 % des électeurs au référendum du 8 avril 1962. Si, en dépit de ces accords, le printemps 1962 en Algérie est le théâtre d'épisodes dramatiques et si, bientôt, s'amorce un exode massif des « pieds-noirs » – qui deviennent, de ce fait, des « rapatriés » –, l'indépendance de l'Algérie est effective le 3 juillet. Et la Ve République, en dépit des sanglants soubresauts de cette ultime phase de la guerre d'Algérie, sort renforcée de ses tumultueuses premières années. Les crises à répétitions durant près de quatre années n'ont pas été l'expression de groupes informels ou constitués qui auraient été intrinsèquement hostiles à la nouvelle variante de la démocratie française mais des scansions du dénouement du drame algérien.

Ce dénouement confère à l'année 1962 une importance historique particulière : avec la fin de la guerre d'Algérie, en effet, c'est une phase presque séculaire de l'histoire française qui s'achève, le pays ayant connu depuis 1870 une sorte de *trend* belliqueux. Durant neuf décennies, il y a bien eu une période de cette histoire marquée par l'omniprésence de la guerre : une guerre européenne, deux guerres mondiales, une guerre froide Est-Ouest à partir de 1947, deux guerres coloniales dont la seconde mit indirectement à bas la IVe République et demeura le principal problème pour le régime suivant jusqu'en 1962. Alors que les grandes passions françaises avaient été, un siècle ou presque durant, profondément activées et façonnées par une telle présence de la guerre, celle-ci quitte alors le devant de la scène nationale, d'autant que la guerre froide elle-même connaît à la même date une phase de détente, placée sous le signe de la « coexistence pacifique ».

L'adieu définitif à l'Empire et la rétraction du pays, après plus d'un siècle de dilatation coloniale, aux dimensions de l'Hexagone constituent un phénomène fondamental pour une autre raison également : la France du début des années 1960 vient de connaître, en moins d'une décennie, un changement d'échelle, dont rend compte, du reste, ce mot Hexagone dont l'usage date précisément de cette époque. La suite de son histoire et donc celle de la Ve République naissante s'opèrent désormais dans un cadre géographique rétréci. Un tel constat n'est pas contradictoire avec le fait qu'à la même date non seulement la France est partie prenante dans le processus de construction européenne enclenché quelques années plus tôt mais, de surcroît, la communauté nationale s'ouvre, beaucoup plus que par le passé, aux vents venus d'ailleurs : à l'heure où la culture de masse audiovisuelle tout à la fois rajeunit et se mondialise, elle est de plus en plus parcourue de sons et d'images pour lesquels des frontières n'ont plus guère de signification. En d'autres termes, plus qu'à une simple rétraction géographique, on assiste à une insertion de cette communauté nationale dans des jeux d'échelles singulièrement plus complexes qu'auparavant : le recentrage centripète du début des années 1960 est concomitant du développement rapide de nouvelles forces centrifuges, d'une autre nature que celles induites auparavant par l'expansion coloniale. La Ve République est donc un régime politique qui s'installe à un moment où ces processus complexes et à géométrie variable dessinent de nouveaux périmètres pour la vie de la Cité.

II. – 1962-1965 : l'enracinement précoce

1962 n'est pas seulement un millésime important dans l'histoire française récente en raison de la fin de la guerre d'Algérie. C'est également un moment décisif de la Ve République : celle-ci, en effet, ne prend ses véritables formes institutionnelles qu'à cette date, au terme d'une intense bataille politique entre le général de Gaulle et une large partie de la classe politique. Une fois cette bataille gagnée, le régime est confronté à un test programmé dès le début, mais auquel la réforme constitutionnelle de 1962 confère une intensité plus grande : 1965, au terme d'un premier septennat, est le moment de l'élection présidentielle au suffrage universel.

1. **1962, ou la refondation.** – Après l'indépendance de l'Algérie, le général de Gaulle entreprend de refaçonner la Ve République et de lui conférer des contours définitifs davantage conformes à ses propres conceptions politiques. À cet égard, on l'a vu, 1958 avait constitué une sorte de compromis institutionnel, dont le chef de l'État entend désormais s'affranchir. Deux facteurs ont alors poussé en ce sens, l'un tenant à ces conceptions, le second étant davantage conjoncturel. La double aspiration à un État fort, sous-tendu par un exécutif solide et stable, et à un rapport quasi consubstantiel entre cet exécutif et le principe de souveraineté populaire, conduit le général de Gaulle à souhaiter que l'élection du président de la République émane du suffrage universel et non plus d'un collège électoral. Tant que durait la guerre d'Algérie, la remise en cause du compromis de 1958 était difficilement envisageable. En revanche, à partir de 1962 le chef de l'État entend conférer à la Ve République les contours définitifs qu'il appelle de ses vœux, et ce projet de révision a été peut-être été accéléré par l'attentat du Petit-Clamart, le 22 août 1962 : ce jour-là, le chef de l'État échappe de peu à une tentative d'assassinat fomentée par des membres de l'OAS. L'épisode et son âge déjà avancé – il a alors 72 ans – l'ont probablement incité à hâter un processus essentiel à ses yeux. Toujours est-il que dès le 12 septembre suivant, il annonce un référendum sur une révision constitutionnelle instaurant l'élection du président au suffrage universel.

Cette annonce provoque immédiatement une très forte opposition, qui se développe sur un double registre. D'une part, la procédure choisie est critiquée par la plupart des parlementaires qui considèrent qu'il leur revient de trancher sur une éventuelle révision constitutionnelle et que le recours au référendum est illégitime. D'autre part, et surtout, c'est le principe même de l'élection du président au suffrage universel qui est condamné par la plupart des partis politiques. Ceux-ci, du reste, contre-attaquent rapidement : le 5 octobre, par 280 voix sur 482, leurs députés votent la censure du gouvernement dirigé par Georges Pompidou, en place depuis le mois d'avril précédent. Le général de Gaulle, usant d'une prérogative que lui donne la Constitution, riposte immédiatement par la dissolution de l'Assemblée nationale.

De ce fait, se profilent pour les semaines suivantes deux consultations à l'occasion desquelles le peuple français est appelé à arbitrer cette bataille politique : le référendum, dont la date a été fixée au 28 octobre, et les élections législatives pour désigner une nouvelle Assemblée nationale, prévues pour les 18 et 25 novembre. Dans ce combat en deux temps qui se profile, le général est loin d'être assuré de la victoire. Par rapport au référendum fondateur, quatre ans plus tôt, le rapport de forces politique s'est modifié : en 1958, la SFIO, le MRP et les indépendants, en d'autres termes un large éventail allant de la gauche non communiste à la droite libérale, appuyaient les gaullistes ; en 1962, ceux-ci sont au contraire presque seuls contre tous. À l'exception de l'UNR gaulliste et d'une fraction dissidente des indépendants emmenée par le jeune ministre des Finances Valéry Giscard d'Estaing, tous les autres partis préconisent de voter « non ». Cela étant, cette opposition très hétérogène – vite appelée le « cartel des non » –, majoritaire sur le papier, n'emporte pas l'adhésion des Français et le verdict des urnes lui est nettement défavorable : le 28 octobre, le « oui » l'emporte avec 61,7 % des suffrages exprimés. Certes, un tel résultat est, en première analyse, moins impressionnant que celui de 1958, mais, compte tenu du très large périmètre politique du « cartel des non », il s'agit bien là d'une indéniable victoire personnelle du général de Gaulle, qui se double au demeurant d'une victoire politique : le « oui » majoritaire entraîne automatiquement la révision de la Constitution, puisque la procédure référendaire avait confié au peuple souverain cette capacité de révision. Le 28 octobre 1962 est bien, à cet égard, la date d'une refondation de la Ve République : celle-ci voit son dispositif institutionnel profondément remodelé, avec une modification essentielle en son sommet.

Cette victoire du général de Gaulle est confirmée un mois plus tard, lors des élections législatives. Les gaullistes obtiennent à eux seuls 233 sièges, soit presque la moitié des élus, et, avec l'appoint de 36 indépendants dissidents, ils sont assurés d'une majorité stable à l'Assemblée nationale. Le général de Gaulle reconduit Georges Pompidou dans ses fonctions de Premier ministre, et celui-ci dispose donc d'une solide assise politique pour les années à venir. Plus largement, au terme du référendum et de cette victoire aux élections législatives, la légitimité de cette Ve République modèle 1958 modifié 1962 ne pouvait plus être contestée par ses adversaires.

En revanche, cette révision constitutionnelle fixait *ipso facto* la date de la prochaine échéance politique déterminante : comme Charles de Gaulle avait été désigné président de la République en décembre 1958, son mandat devait s'achever à la fin de 1965, date, de ce fait, de la première élection d'un président de la République au suffrage universel depuis 1848. À partir de l'automne 1962, donc, les effets structurants d'une telle élection vont se faire rapidement sentir. En même temps, cette mise progressive des forces politiques en ordre de bataille est le signe que la Ve République est alors entrée dans une nouvelle phase de son histoire. Ses institutions, dans leur première mouture puis dans leur version revue et corrigée, ont reçu par deux fois l'adoubement du suffrage universel, tandis que leur fondateur est sorti renforcé de cette période 1958-1962. Bien plus, la phase d'enracinement qui suit a lieu dans un contexte socio-économique très favorable : la France connaît à cette date un enrichissement sans précédent et une mutation sociale d'une ampleur inédite. Il faut conserver ce paramètre en tête pour rendre compte de l'histoire de la Ve République : la naissance et le développement de ce régime ont lieu au cœur des Trente Glorieuses, cette période amorcée à la Libération, portée par une croissance conquérante et dont le second versant, du début des années 1960 au premier choc pétrolier de l'automne 1973, constitue une sorte de phase exceptionnelle de l'histoire nationale.

Dans un tel contexte, la dyarchie à la tête de l'État donne toutes les apparences d'un fonctionnement harmonieux. Le Premier ministre gère avec attention cette période d'envol et de mutation, à tel point que l'historien Jean Touchard parlera de cette période comme de celle du « gaullisme de gestion ». Il y a bien dès ce moment, chez Georges Pompidou, l'idée que la France doit devenir une grande puissance industrielle et qu'un tel objectif est accessible si l'on poursuit la modernisation du pays. Une telle marche en avant n'est pas exempte de conflits sociaux, comme la grève des mineurs en 1963. Mais elle recoupe, par bien des aspects, le dessein du général de Gaulle : après avoir forgé des institutions garantes, à ses yeux, de la stabilité politique du pays, il entend promouvoir son indépendance et, maître mot du vocabulaire gaulliste, son « rang ». Un tel objectif passe par la défense nationale et la politique étrangère. Après la première expérimentation d'une bombe A réalisée en février 1960, la France se lance dans la construction de sous-marins nucléaires, qui viendront s'ajouter aux bombardiers Mirage IV. Et, en 1966, le chef de l'État, tout en restant fidèle à l'Alliance atlantique, décide la sortie de la France du commandement militaire de l'OTAN.

2. **1965, l'élection structurante.** – Entre-temps, Charles de Gaulle avait été réélu président de la République en décembre 1965. Jusqu'au 4 novembre, à un mois du premier tour de l'élection, il avait laissé planer le doute sur ses intentions et ne s'était dévoilé qu'à cette date. En revanche, on l'a déjà souligné, l'opposition s'était mise en branle dès les mois qui avaient suivi la révision constitutionnelle de l'automne 1962. Cette anticipation constitue, du reste, un indice supplémentaire de l'enracinement précoce des institutions de la Ve République : ce sont les partis de l'ancien « cartel des non » qui comptent parmi les premiers à se placer dans la perspective de la consultation électorale de 1965.

Au sein de cette opposition, les socialistes de la SFIO occupent une position centrale. Selon qu'ils fassent alliance avec les communistes ou avec les centristes, c'est la composition politique de la formule alternative au gaullisme proposée aux Français qui s'en trouve modifiée. Or, ce sont les deux formules qui ont prévalu tour à tour. De 1963 à juin 1965, Gaston Defferre, l'une des figures de proue de la SFIO, tente de promouvoir une « Grande Fédération » regroupant cette SFIO, les radicaux et le MRP, en d'autres termes la gauche non communiste et le centre-droit. Ce projet échoue en juin 1965, après deux ans de négociations. À six mois de l'échéance présidentielle, l'opposition au général de Gaulle se retrouve donc sans véritable projet alternatif.

C'est dans un tel contexte que, à la fin de l'été, François Mitterrand, personnalité de la IVe République et opposant jusque-là aux institutions de la Ve République, entre en scène. Avec beaucoup d'habileté, il profite de ce vide politique et, s'étant déclaré candidat, il parvient en quelques jours à être soutenu par les socialistes, auxquels il n'appartient pas à cette date, et par les communistes, desquels il avait été jusque-là fort éloigné : en fait, avec de surcroît le soutien des radicaux, c'est de l'ensemble de la gauche qu'il devient ainsi le représentant pour l'élection présidentielle.

Cette candidature de François Mitterrand est doublement révélatrice de la situation de la Ve République en 1965, trois ans à peine après sa refondation à l'occasion de la bataille politique de l'automne 1962. D'une part, l'enracinement rapide de ce régime est indirectement confirmé par la démarche personnelle de François Mitterrand : celui-ci, qui avait été un opposant de la première heure aux institutions de 1958 et qui, en 1964 encore, parlait dans un pamphlet du régime gaulliste comme d'un « coup d'État permanent », a pris conscience à la même époque que l'élection du président de la République au suffrage universel, contre laquelle il s'était d'abord prononcé, a créé des mécanismes nouveaux d'accès au pouvoir et, dès lors, il prend le parti de s'y intégrer. Et le fait de réussir à devenir, en quelques semaines, le candidat unique de la gauche reflète, d'autre part, une mue qui s'enclenche en ce milieu des années 1960 : le mode de scrutin de l'élection présidentielle – ainsi, du reste, que celui des élections législatives – engendre une bipolarisation des forces politiques. Certes, à ce moment, un tel processus s'amorce à peine : le ballottage du général de Gaulle, avec 44,65 % des suffrages exprimés au premier tour le 5 décembre 1965, n'est pas dû seulement au bon score de François Mitterrand (31,72 %) mais aussi à celui de Jean Lecanuet (15,57 %), qui témoigne la persistance, à cette date, de l'existence d'un centre d'opposition encore fort. Il n'empêche : un processus s'est enclenché, que le résultat de François Mitterrand au second tour (44,8 %) va d'ailleurs accélérer.

Si la Ve République sort renforcée d'un scrutin à l'occasion duquel 85 % des électeurs se sont déplacés, la réélection du général de Gaulle n'ouvre pas pour ce dernier une phase aussi favorable que celle qui suit sa victoire politique de l'automne 1962. Deux facteurs contribuent, en effet, à atténuer l'impact d'une telle réélection. Le ballottage, tout d'abord, qui sera pourtant perçu par la suite comme la norme, est interprété sur le moment, y compris par le principal intéressé, comme un demi-échec. Bien plus, le président ainsi reconduit a 75 ans : l'âge, désormais, ne peut que jouer contre lui. Cela étant, le processus d'érosion dépasse sa personne. Au cours des années suivantes, de fait, on observe une progression de l'opposition et une dégradation concomitante des positions des gaullistes. Alors que leur leader historique avait encore pu réunir sur son nom, en 1965, plusieurs millions de voix venues de gauche, la base électorale de ces derniers semble se rétracter dès les élections législatives suivantes, en mars 1967. La majorité sortante est alors reconduite d'extrême justesse : les gaullistes et leurs alliés républicains indépendants – c'est désormais le nom du parti fondé en 1966 par Valéry Giscard d'Estaing – ne conservent la majorité absolue que d'un siège, avec 244 députés sur 487. En face, l'opposition de gauche, stimulée par le bon score de François Mitterrand en 1965 et renforcée par un accord de désistement conclu l'année suivante, obtient près de 200 sièges, et les centristes d'opposition en réunissent pour leur part 41. La marge de manœuvre de Georges Pompidou à l'Assemblée nationale est donc étroite, même si le ralliement de quelques « non-inscrits » y a un peu étoffé la majorité dont il dispose.

L'avertissement a été clair : en même temps que la Ve République s'enracine, son fondateur redescend presque mécaniquement des cimes où l'avaient placé les combats politiques de la période 1958-1962. Cela étant, à bien y regarder, un tel constat peut s'interpréter comme un indice supplémentaire d'enracinement de la Ve République, moins de dix ans après sa naissance. Assurément, pour ce qui concerne le chef de l'État, l'essoufflement est réel : les temps héroïques sont terminés, l'opposition se renforce et l'âge produit ses effets de sape. En même temps, par-delà les discussions sur les conditions de son retour en 1958, nul ne conteste plus à cette date la légitimité du chef de l'État, réactivée par l'onction populaire de décembre 1965. Bien plus, il est possible de formuler, en ces années 1965-1967, un diagnostic de restabilisation politique, après la période de crise de la fin de la IVe République et la phase de difficultés aiguës liée à la poursuite de la guerre d'Algérie entre 1958 et 1962. Désormais, l'écosystème républicain a retrouvé son équilibre : la France est emportée par une croissance économique accélérée et un enrichissement sans précédent, un jeu démocratique apaisé s'est remis en place, le président est l'un des chefs d'État de stature internationale. C'est à ce moment cependant que survient un ébranlement soudain qui semble menacer cette stabilité retrouvée : Mai 68 surgit dans un ciel apparemment sans nuage.

III. – Mai 68, ou le test d'effort

On ne fera pas ici l'histoire de la crise de mai 1968. Celle-ci constitua, aussi bien par sa brusque apparition que par son ampleur, une surprise pour la classe politique. « C'est vraiment avec confiance que j'envisage, pour les douze prochains mois, l'existence de notre pays », avait déclaré le général de Gaulle aux Français le 31 décembre 1967, dans ses vœux télévisés. Et pourtant c'est au cœur d'une France indéniablement prospère que survient une brusque réaction en chaîne : la crise, d'abord étudiante à partir du 3 mai, devient plus largement sociale après la grève générale du 13 mai. En quelques jours, les entreprises sont occupées et l'activité économique s'en trouve vite paralysée. Cette densité sociale acquise au fil de la deuxième décade de mai est essentielle : les slogans et les mots d'ordre du mouvement étudiant ne doivent pas dissimuler la réalité largement ouvrière du processus alors en cours. Il y a bien là une ambivalence qui donne son importance à l'événement : la France de la dernière décade de mai paraît tout à la fois celle du temps social suspendu et du verbe débridé, en un moment-utopie où la parole est reine et où, dans le même temps, le pouvoir politique semble ne plus avoir prise sur le processus en cours. En quelques semaines, la crise est donc devenue globale, et le régime paraît vaciller sur ses bases. Ce n'est que le 30 mai, en fait, que la roue tourne : le général de Gaulle, dans un bref discours radiodiffusé, annonce la dissolution de l'Assemblée nationale ; la France, dès lors, s'installe en campagne électorale et c'est sur la scène politique que se joue le dernier acte. Et le dénouement apparaît comme par une sorte de paradoxe : la crise, portée par des idéologies d'extrême gauche, se termine, les 23 et 30 juin, par une très large victoire électorale des gaullistes.

Par-delà un tel paradoxe apparent, qu'en est-il de l'effet de Mai 1968 sur la Ve République, juste âgée d'une décennie ? Pour répondre à une telle question, il faut d'abord l'examiner en grand angle, à l'échelle de la communauté nationale. Pour celle-ci, Mai 68 a eu deux effets majeurs : un effet de souffle et un effet d'accélération. L'effet de souffle est indéniable : Mai 68 fut un électrochoc pour l'organisme France, par son caractère brusque et aigu. Mais le souffle de l'ébranlement est surtout historiquement important parce qu'il a créé des ondes qui se propagèrent et s'amplifièrent. Plus qu'un moment fondateur, Mai 68 fut tout à la fois un moment révélateur des mutations en cours et un moment accélérateur qui leur conféra une force cinétique plus grande. À bien des égards, par de tels processus d'amplification, l'événement fut, somme toute, un accélérateur de particules historiques.

Pour autant, la Ve République souffrit-elle d'une telle accélération des mutations de la communauté nationale qui la portait ? Tout bien pesé, il apparaît que le jeune régime parvint, sur le court terme, à gérer la crise aiguë sans jamais sortir du cadre de l'État de droit. Bien plus, même fortement ébranlé durant plusieurs semaines, il n'a pas vu son capital de légalité et de légitimité véritablement écorné. De surcroît, la toile de fond d'une telle crise resta une croissance économique conquérante et un lien social resserré par les effets propices des Trente Glorieuses. En cet été 1968, la question essentielle reste donc plutôt une question de moyen terme : ce régime sorti apparemment renforcé de ce test d'effort qu'a été pour lui la tension brutale et intense des semaines de Mai, allait-il se révéler capable, plus largement, d'absorber cet effet d'accélération de la grande mutation en cours qu'a été aussi le Mai français ?

Chapitre II

1969-1981 : LE MOMENT D'ÉQUILIBRE

En fait, c'est moins en 1968 que le jeune régime se trouve confronté à ses premiers vrais défis qu'au cours des années suivantes. Deux questions se posent alors à lui, essentielles aussi bien pour son identité que pour sa pérennité. D'une part, le brusque départ en avril 1969 de son fondateur et incarnateur durant près de onze années ne risque-t-il pas de fragiliser l'édifice au moment même où celui-ci paraissait avoir fait la preuve de son enracinement ? D'autant que si la secousse de Mai avait, au bout du compte, constitué un test d'effort positif, l'événement avait libéré une onde de choc très forte, que les gouvernements successifs auraient, de toute façon, à gérer politiquement. Et une telle gestion, bientôt, ne pourra plus se faire sous le signe de la croissance conquérante et de l'enrichissement largement partagé : d'autre part, en effet, au fil des années 1970, cette République née dans un tel terreau de prospérité se trouve confrontée à un changement de conjoncture, les Trente Glorieuses laissant la place après 1974 à une crise socio-économique aux effets bientôt délétères.

I. – La Ve République sans de Gaulle

En dépit de la victoire électorale des 23 et 30 juin 1968, le général de Gaulle était, pour sa part et à la différence de la République qu'il avait fondée, sorti profondément ébranlé de la crise de Mai, pour plusieurs raisons convergentes. Tout d'abord, la paternité d'une telle victoire ne lui avait pas été attribuée par l'opinion publique : c'est surtout à son Premier ministre qu'était revenue la résolution de la crise et sans doute le Président en avait-il conçu de l'irritation, voire du dépit. Toujours est-il que, quelques jours à peine après le 30 juin, il change de chef du gouvernement, Maurice Couve de Murville succédant à Georges Pompidou. Mais, plus largement, le général de Gaulle, tout en se réjouissant de l'ampleur de la vague gaulliste aux élections législatives, en avait bien ressenti le caractère passablement artificiel : un succès politique en partie dû à la peur du désordre n'était pas le gage d'un soutien durablement renouvelé. Le chef de l'État était d'autant plus conscient de la fragilité de ce succès qu'au cœur de ses conceptions politiques était nichée une idée de la légitimité du pouvoir conçue comme découlant de l'appui du peuple souverain.

1. **« Je cesse d'exercer mes fonctions ».** – Se trouve probablement là, du reste, l'une des raisons principales de sa proposition, quelques mois plus tard, de l'organisation d'un référendum sur la réforme du Sénat et la régionalisation. Certes, une telle initiative s'explique aussi par le souhait de faire passer une réforme que Charles de Gaulle appelle de ses vœux, mais ce dernier y voit probablement avant tout l'occasion de retremper une légitimité politique qu'il sent écornée. Cela étant, si, depuis 1958, le président s'était régulièrement assuré auprès de l'électorat de la légitimité de son pouvoir, au fil des référendums de son premier mandat et lors

d'élections personnalisées, ce référendum sera la consultation électorale de trop. Le projet présidentiel, annoncé en février 1969 et dont la date est bientôt fixée au 27 avril, se heurte vite à une opposition résolue et multiforme : la gauche mais aussi les républicains indépendants de Valéry Giscard d'Estaing se prononcent contre les réformes soumises à référendum. Y eut-il, pour autant, de la part du général de Gaulle, une volonté délibérée de suicide politique, comme le soutiendra par la suite André Malraux, le chef de l'État ayant ainsi mis spectaculairement en scène sa sortie de l'Histoire ? Rien n'est moins sûr : de Gaulle entendait bien faire passer son projet et, du même coup, ressourcer une légitimité qu'il sentait atteinte.

Ce n'est que progressivement qu'il y eut, de sa part, la prise de conscience que la campagne tournait en sa défaveur. Rien, dès lors, ni dans la Constitution ni dans la pratique de la Ve République, ne l'obligeait à mettre son mandat en jeu. S'il le fit, c'est qu'une telle attitude correspondait, on l'a déjà souligné, à l'idée qu'il se faisait des rapports avec le peuple souverain. Et s'il personnalisa directement l'enjeu l'avant-veille du scrutin – « si je suis désavoué par une majorité d'entre vous, je cesserai aussitôt d'exercer mes fonctions » –, alors même que les sondages prédisaient l'échec, il s'est moins agi d'une dramaturgie du départ que d'une dramatisation du scrutin, dont le chef de l'État était coutumier, et aussi d'une volonté de rester jusqu'au bout dans la même logique politique que depuis 1958. Du coup, si le résultat du référendum, le 27 avril, est sans appel, la décision du général de Gaulle l'est également ; peu après minuit un communiqué laconique est publié par l'Élysée, qui reprend presque terme à terme la menace explicite formulée l'avant-veille : « Je cesse d'exercer mes fonctions de président de la République. Cette décision prend effet à midi. »

Avec un tel départ, c'est bien une phase de la Ve République qui se termine : née au forceps dans l'épreuve de la guerre d'Algérie, remodelée dans l'effervescence de la crise politique de l'automne 1962, cette République s'était ensuite enracinée par l'adhésion rapide des Français au jeu de ses institutions, et notamment, en 1965, à l'élection du président au suffrage universel. Pour autant, deux questions inédites se posent après le brusque retrait de son fondateur : comment ces institutions vont-elles évoluer après le départ de celui qui les avait forgées dans le sens qu'il souhaitait puis qui les avaient incarnées et qui s'était trouvé reconduit dans ses fonctions et dans son rôle en 1965 ? Le cadre qu'elles dessinent permettra-t-il aisément que d'autres personnalités, mais aussi d'autres forces politiques, s'y coulent à leur tour ?

2. **Le moment Pompidou.** – En 1969, c'est un gaulliste qui succède au général de Gaulle et, si les rouages institutionnels, au bout du compte, font la preuve de leur bon fonctionnement puisque la relève s'opère sans accrocs, le temps des alternances politiques n'est pas encore venu : il faudra attendre 1974 et 1981 pour que la magistrature suprême passe en d'autres mains que celles issues de la famille politique fondatrice. Car si les relations entre le général de Gaulle et Georges Pompidou s'étaient progressivement dégradées, surtout après la non-reconduction du Premier ministre à son poste en juillet 1968, une telle dégradation n'avait pas suffi à retirer à ce dernier son statut de dauphin, sinon de De Gaulle en tout cas du gaullisme. Il est, du reste, intronisé candidat de l'UDR – parti gaulliste qui

avait succédé à l'UNR l'année précédente – après le départ du général de Gaulle. Pour le premier tour, il est confronté à une gauche désunie et au président du Sénat, le centriste d'opposition Alain Poher, et c'est avec celui-ci qu'il reste en lice pour le second tour. Le 15 juin 1969, il est élu avec une large avance (57,8 % des suffrages exprimés) et une victoire aussi nette est historiquement significative : c'est un candidat gaulliste, et s'affichant comme tel en dépit de la détérioration récente de ses rapports avec le général de Gaulle, qui est ainsi très aisément élu et le gaullisme politique survit donc au départ du héros éponyme. Durant le mandat de Georges Pompidou, l'essentiel de l'héritage gaulliste est maintenu, même si le ralliement d'une partie des centristes s'est fait au prix d'un infléchissement de la politique étrangère, désormais plus favorable à la construction européenne.

Ce mandat pompidolien s'inscrit dans un segment de l'histoire nationale caractérisé par deux traits essentiels : la poursuite, dont personne à l'époque n'envisage l'interruption, de la croissance économique – dont les indices augmentent encore, au début des années 1970 par rapport à la décennie qui vient de s'achever –, et l'onde de choc de Mai 68 sur la société française. Sur ces deux facettes d'un même moment national, Georges Pompidou imprimera sa marque, mais avec un esprit différent. Pour la gestion de la croissance forte, il y a chez le nouveau président l'intention, déjà très présente alors qu'il était Premier ministre, d'accélérer la modernisation économique du pays et de hisser celui-ci au rang des très grandes puissances industrielles. Pour ce qui concerne l'après-Mai 68, en revanche, son analyse et sa pratique seront plus complexes. Il soutient dans un premier temps la politique sociale de son Premier ministre, Jacques Chaban-Delmas, qui entend mettre en œuvre un projet ambitieux de « nouvelle société » visant à la fois à mieux répartir les fruits de la croissance et à moderniser une société française en pleine mutation et ébranlée de surcroît depuis l'année précédente par une contestation multiforme issue de Mai 68. Mais, progressivement, le président se montre sceptique sur une telle politique, jugée trop libérale par la majorité parlementaire. Le 5 juillet 1972 il contraint, de ce fait, son Premier ministre à la démission. Un tel épisode est doublement significatif. D'abord, il est le reflet de l'alchimie complexe que représente la dyarchie président - Premier ministre à la tête de l'État quinto-républicain. D'une certaine façon, la brouille, sur le tard, entre de Gaulle et Pompidou avait déjà révélé une telle fragilité quasi structurelle du dispositif dual prévu par la Constitution, même si ce dispositif est institutionnellement dénué d'ambiguïté : force reste toujours, au bout du compte, au président. Avec, il est vrai, une nuance essentielle : tant que la majorité parlementaire appartient à son propre camp. Dans le cas inverse, pour l'heure inédit, se posera la question de l'articulation des pouvoirs au sein de cette dyarchie. Cette question deviendra d'actualité quand arrivera, pour la Ve République, le temps des « cohabitations ».

3. **Une bipolarisation croissante.** – La démission forcée de Jacques Chaban-Delmas ne pose pas seulement la question de la structure du pouvoir sous la Ve République. Pour ce qui est du gaullisme, elle est révélatrice d'une évolution en cours : si le gaullisme, dans les années 1960, avait montré une certaine capacité à dépasser le clivage droite-gauche, la brève crise

de juillet 1972 illustre un reclassement qui avait commencé à s'amorcer aux élections législatives de 1967 et que la présidence pompidolienne va confirmer par l'évolution même du chef de l'État : le gaullisme est reporté à cette époque vers la partie droite du paysage politique. Non qu'il en ait occupé auparavant l'autre versant mais son appel à transcender cette division majeure (la *summa divisio* de René Rémond) de la vie politique française n'était pas qu'incantatoire. À partir des années 1970, le reclassement à droite est indéniable, et il est encore renforcé, à partir de 1972, par la signature, entre les partis de gauche, d'un programme commun de gouvernement. Dès lors, l'une des aspirations proclamées par le gaullisme sera de tenter de retrouver cette aptitude à transcender le clivage droite-gauche.

Pour ce qui concerne la seconde partie du mandat effectué par Georges Pompidou, en tout cas, il n'en est rien et le changement de Premier ministre est interprété comme un glissement vers la droite : après le temps des réformes, le nouveau chef du gouvernement, Pierre Messmer, doit rassurer l'électorat et les parlementaires de la majorité par une politique globalement plus conservatrice. Une telle politique atteint apparemment son objectif : aux élections législatives de mars 1973, la majorité sortante est reconduite malgré une progression sensible de l'Union de la gauche. En même temps, cette majorité paraît quelque peu en porte-à-faux par rapport à certaines des mutations que connaît alors la société française, aiguillonnées par l'ébranlement de Mai 68. Elle est, en outre, confrontée avec de nouvelles formes de luttes sociales, qui s'inscrivent dans le même sillage : ainsi la longue grève et la tentative d'autogestion des salariés de l'usine Lip à Besançon ou les manifestations antimilitaristes contre le camp du Larzac.

Cela étant, le fait politique majeur de ce début des années 1970 est la bipolarisation croissante des forces partisanes. Les élections de mars 1973 ont surtout consisté en un affrontement entre la majorité sortante et la gauche unie autour du programme commun de gouvernement. Le centre d'opposition, laminé par cette structure d'affrontement binaire, affaibli par les ralliements d'une partie des siens à Georges Pompidou dès la campagne présidentielle de 1969, décline. Déjà se profilent pour la prochaine échéance présidentielle les signes d'un ralliement à l'un ou l'autre des deux blocs en présence. Là encore, l'observation a une portée plus générale : une dizaine d'années après la réforme constitutionnelle de 1962, l'élection du président de la République au suffrage universel est bien devenue le moment structurant de la vie politique française ; les alliances se nouent en prévision de cette échéance et les ralliements s'opèrent à cette occasion.

En cette année 1973, il est vrai, la prochaine échéance présidentielle semble encore lointaine, puisque Georges Pompidou vient à peine de dépasser le milieu de son septennat. Mais c'est alors que survient une situation jusque-là inédite sous la Ve République : le président, pièce maîtresse du dispositif institutionnel, tombe malade. Même si cette dégradation de santé n'est pas reconnue officiellement à cette date, elle devient vite perceptible dans l'apparence physique de Georges Pompidou. Surmontant des douleurs de plus en plus vives, le président tut son état et continua à gouverner jusqu'à la fin, survenue le 2 avril 1974. Pour la deuxième fois depuis 1965, un septennat se trouvait interrompu : en 1969, c'est le retrait volontaire du général de Gaulle qui avait mis fin à son mandat ; en 1974, c'est la mort en fonctions qui frappe son successeur.

II. – Le temps des premières alternances

1. La fin des Trente Glorieuses. – Les années 1973 et 1974 constituent aussi un moment fondamental de l'histoire de la Ve République pour une autre raison, peut-être plus importante puisqu'elle introduit un changement structurel dans l'histoire de ce régime. Celui-ci, en effet, était né au cœur de ces Trente Glorieuses portées par une croissance exceptionnelle et un enrichissement sans précédent de la société française. À partir de l'automne 1973, tout se dégrade brutalement et, en quelques mois, cette période de trente années qui s'était amorcée après la Libération se termine. En cet automne survient, en effet, le premier « choc pétrolier », qui voit le quadruplement en deux mois du prix du baril de pétrole. Même si cette augmentation brutale ne fut probablement qu'une des causes de la dégradation économique qui s'ensuivit, le point d'inflexion se situe bien à ce moment et les Trente Glorieuses entrent alors dans une phase d'agonie. Leur succède une stagnation durable qui va modifier profondément la donne. Ainsi, si la production industrielle française avait progressé de 100 % en douze ans, de 1962 à 1974, elle n'enregistrera ensuite qu'une hausse de 10 % au cours des dix années suivantes. Il y a bien, en quelques mois, une sorte d'alternance économique : la crise succède à l'expansion. Cette crise est d'autant plus profonde qu'à la stagnation de l'activité économique s'ajoutent une hausse des prix et une dégradation rapide du marché de l'emploi : dès 1974, l'inflation atteint ainsi 15,2 % et le nombre des chômeurs passe de 450 000 à 900 000 en deux ans. Les gouvernements suivants de la Ve République se trouveront donc désormais devant une situation inédite : si leurs prédécesseurs avaient eu à gérer une situation économique florissante, ils devront pour leur part affronter cette situation de stagflation – c'est ainsi que les observateurs baptiseront ce mélange de stagnation et d'inflation – et de chômage. La tâche sera d'autant plus malaisée que la perception de ce changement de conjoncture économique ne sera pas immédiatement sensible au sein d'une opinion publique et d'une classe politique habituées de longue date à la croissance et au plein emploi. Désormais, pour cette raison, les gouvernants devront non seulement affronter des difficultés économiques croissantes mais aussi une opinion désorientée, bientôt flottante et reportant sur les équipes politiques en place la responsabilité des difficultés. Une telle impopularité, beaucoup plus qu'auparavant, deviendra un élément structurel de la vie politique de la Ve République. Et Valéry Giscard d'Estaing sera ainsi le premier président confronté à ce changement de contexte.

2. **Les années Giscard.** – Son septennat, pourtant, semblait avoir bien commencé. Sa victoire, du reste, a constitué la première grande alternance politique de la Ve République. Certes, ce mot « alternance » a surtout été utilisé par les observateurs en 1981, au moment de la victoire de la gauche. Mais 1974 avait déjà été l'occasion d'une première alternance, celle-ci endogène au camp de la droite. Pour la première fois depuis 1958, ce ne serait plus un gaulliste qui serait à la tête de l'État. Avec Valéry Giscard d'Estaing, c'est l'autre

branche de la droite française, libérale et pro-européenne, qui s'installe au pouvoir. Avant de l'emporter au second tour contre le candidat de la gauche, François Mitterrand, au terme d'un scrutin serré où seules 425 000 voix séparaient les deux hommes, le vainqueur avait d'abord distancé au premier tour le candidat gaulliste, Jacques Chaban-Delmas.

Dans une France qui n'est encore qu'effleurée à cette date par la crise économique, le jeune président – il a 48 ans – entend promouvoir le « changement ». Plusieurs mesures adoptées durant les premiers mois du septennat paraissent prendre en compte les évolutions socioculturelles enclenchées depuis la décennie précédente : majorité à 18 ans, libéralisation plus grande de la contraception, loi Veil sur l'interruption volontaire de grossesse. La Ve République démontre à nouveau sa capacité à gérer les transformations profondes et rapides de la société française survenues en une dizaine d'années. Déjà, cinq ans plus tôt, le projet de « nouvelle société » de Jacques Chaban-Delmas avait absorbé une partie de l'onde de choc née de Mai 68. Le « changement » mis en œuvre par le nouveau président prenait acte lui aussi des aspirations d'une communauté nationale profondément travaillée par de puissantes forces de mutation. Pour autant, une telle gestion de la grande métamorphose enclenchée au cœur des Trente Glorieuses ne se fit pas sans réticences ni obstacles. Réticences, par exemple, d'une partie de la majorité parlementaire face aux réformes annoncées : ainsi, la loi Veil ne fut votée qu'avec l'appoint des votes des parlementaires de gauche. Obstacles, surtout, en raison de l'aggravation rapide de la crise économique. En cette année 1974, les Trente Glorieuses sont bien en train de s'éteindre et une configuration socio-économique inédite est en train d'émerger : cette crise, en effet, a surgi brutalement dans le paysage d'une société de croissance et de plein emploi. Le gouvernement de Jacques Chirac, que le nouveau président a nommé Premier ministre à 41 ans, doit affronter la stagflation naissante et la hausse rapide du chômage.

On saisit mieux ainsi la place particulière du septennat de Valéry Giscard d'Estaing dans l'histoire de la Ve République : placé, à ses débuts, sous le signe d'un « changement » qui était l'expression sincère du nouveau président de faire évoluer le cadre législatif et administratif d'une société française en pleine mue, ce mandat fut, de fait, d'abord marqué par une vague de réformes profondes de cette société ; mais il fut très vite rattrapé par les effets d'un changement radical du contexte économique. Bien plus, Valéry Giscard d'Estaing est bientôt confronté également à un double problème politique. D'une part, les difficultés économiques stimulent la progression de l'Union de la gauche qui, à partir des élections cantonales du printemps 1976, enregistre d'indéniables succès. D'autre part, des tensions réapparaissent entre la droite libérale et le gaullisme, unis au pouvoir mais dans un rapport de forces inverse de celui des présidents précédents.

La démission du gaulliste Jacques Chirac est, en août 1976, la suite logique de ces tensions internes à la majorité. Par-delà le choc des personnes et l'affrontement des caractères, ce départ apparaît bien, en effet, comme un nouvel épisode de la compétition récurrente entre gaullistes et libéraux. Certes, au printemps 1974, Jacques Chirac avait soutenu Valéry Giscard d'Estaing au détriment du candidat de l'UDR,

Jacques Chaban-Delmas, mais, dès l'automne de la même année, le jeune Premier ministre s'était assuré le contrôle de ce parti. Comme le président de la République n'avait pas souhaité dissoudre l'Assemblée nationale après la victoire, l'UDR y représentait un groupe parlementaire bien plus étoffé que celui des giscardiens. On comprend mieux, dès lors, la reviviscence de cette compétition entre les deux branches principales de la droite française. Tant que les libéraux, affaiblis par leurs scissions des débuts de la Ve République, étaient restés au statut de force d'appoint, une telle compétition était surtout demeurée virtuelle. La victoire de Valéry Giscard d'Estaing en 1974 mais aussi le maintien, en face de lui, d'un parti gaulliste dominant lui donnent une intensité beaucoup plus grande. Et la concurrence politique qu'elle réactive devient pour vingt-cinq ans une donnée quasi structurelle de la vie politique sous la Ve République.

3. **Le « quadrille bipolaire ».** – En même temps, il est vrai, la bipolarisation croissante de cette vie politique articule celle-ci en une sorte de ballet à quatre danseurs, le « quadrille bipolaire » selon l'expression alors forgée par le juriste et politologue Maurice Duverger. Les alliances obligées en vue du second tour, aussi bien aux élections législatives qu'à la présidentielle, contraignent à des alliances et, de ce fait, à la formation de deux couples : les communistes et les socialistes et, sur l'autre versant, les gaullistes et les libéraux. Chacun des deux couples de ce « quadrille bipolaire » est à la fois uni par son antagonisme face à l'autre couple, dans cette situation politique de plus en plus binaire, et parcouru de forces centrifuges en rai-

son de la position concurrentielle des éléments constitutifs des deux binômes. Amorcé dans les années 1960, ce « quadrille bipolaire » s'épanouit dans les années 1970 : les élections présidentielles de 1974 et 1981 en sont la forme la plus achevée, en une époque où, de surcroît, les quatre partenaires d'un tel quadrille occupent à eux seuls la plus grande partie de l'espace politique, en recueillant près de 90 % des suffrages exprimés.

Pendant une vingtaine d'années, au fil des années 1970 et 1980, ce ballet à quatre sera comme le reflet du fonctionnement politique de la Ve République, avec, il est vrai, un déclin rapide du PCF à partir de 1981. Bien plus largement, du reste, en ce milieu des années 1970, malgré la crise naissante, ce régime paraît avoir atteint sa vitesse de croisière. D'une part, ses institutions ne sont plus remises en cause par aucune grande force politique et elles ont survécu tour à tour au départ de leur fondateur et à la perte de la magistrature suprême par les gaullistes. D'autre part, le mode de scrutin semble déboucher sur un clivage droite-gauche au sein duquel s'expriment les quatre grandes sensibilités politiques du moment et qui paraît avoir des vertus structurantes, contribuant à ordonner la vie de la Cité sans laisser d'espace politique aux extrêmes. De surcroît, cette Ve République semble faire la preuve à la même date de sa capacité, à travers l'action de ses gouvernants, à gérer et à accompagner les mutations de la société française.

En même temps, et là est nichée une contradiction essentielle qui va bientôt affaiblir ce régime, déjà se profilent en toile de fond, et sans que les contemporains en aient pour l'heure une réelle perception, des facteurs de perturbation, vivifiés par la crise économique, qui vont contrarier cet écosystème quinto-républicain au moment même où il paraissait s'épanouir. Toute la fin du septennat de Valéry Giscard d'Estaing va se trouver enfermée dans cette contradiction, d'autant que survient en 1979 un second choc pétrolier qui ruine les efforts entrepris depuis trois ans par le nouveau Premier ministre, Raymond Barre : l'inflation, un instant freinée, repart et dépasse 13 % en 1980, tandis que le chômage s'accroît, jusqu'à toucher 1 650 000 personnes à la fin du septennat. Bien plus, à ces difficultés économiques s'ajoutent à la même époque des difficultés politiques pour la majorité au pouvoir. D'une part, les tensions se font encore plus vives en son sein : en décembre 1976, Jacques Chirac crée le Rassemblement pour la République (RPR) tandis que les partisans du chef de l'État se regroupent en février 1978 au sein de l'Union pour la démocratie française (UDF). Celle-ci obtenant un bon score aux élections législatives du mois suivant, la structure binaire de la droite française devient à cette date l'alliance conflictuelle de deux grands partis de force à peu près comparable. Et cette fragilité est d'autant plus sensible que, d'autre part, communistes et socialistes, en dépit de profondes dissensions qui resurgissent à cette date entre eux, continuent leur montée en puissance électorale. Une telle progression ne leur permet pourtant pas de l'emporter aux élections législatives de mars 1978 : ces dissensions apparues entre temps ont un effet désastreux sur l'électorat de gauche et la droite, malgré les difficultés rencontrées, reste alors majoritaire. Dès lors, c'est l'élection présidentielle qui, en se profilant à l'horizon, apparaît comme la véritable échéance. La droite, davantage affaiblie que la gauche par la crise qui s'accroît dans la mesure où elle la subit de plein fouet en étant au pouvoir, n'a-t-elle connu qu'une rémission lors de ces élections législatives de mars 1978 ou bien est-elle vraiment en train de retrouver davantage d'espace politique ? Inversement, la gauche, en dépit de son insuccès aux mêmes élections, va-t-elle poursuivre sa progression, malgré une double faille en son sein ? Non seulement communistes et socialistes y entretiennent des relations très complexes mais, de surcroît, la proximité de l'échéance présidentielle avive rapidement les rivalités au sein du PS, notamment entre son premier secrétaire François Mitterrand et son concurrent déclaré Michel Rocard. Là encore, se dégage en ces années 1970 l'une des constantes, désormais, de la Ve République : les grandes formations politiques devront gérer, en leur sein, les ambitions rivales que suscite l'élection présidentielle. Celle-ci est également structurante en ce domaine.

III. – 1981 : la gauche au pouvoir

Cette élection présidentielle vit en 1981 la victoire de la gauche, pour la première fois depuis les débuts de la Ve République. C'est, du reste, à propos de cette victoire que fut forgée à chaud l'expression d'« alternance », dont nous avons vu qu'elle peut être également utilisée par l'historien, mais dans un autre sens, à propos de 1974. À cet égard, l'alternance de 1981 est assurément bien plus importante que celle de 1974. Il ne s'agit plus seulement d'un glissement intra-majoritaire mais d'un changement complet de majorité politique.

1. **La victoire de François Mitterrand.** – François Mitterrand fut l'artisan d'une telle alternance. Il s'as-

sura d'abord, non sans difficultés, de l'appui de son parti dans sa rivalité avec Michel Rocard et en obtint, à la fin de l'année 1980, l'investiture pour être le candidat socialiste à l'élection prévue les 26 avril et 10 mai suivants. Pour autant, ce serait une erreur de perspective historique de considérer que, dès lors, la victoire lui était acquise, du fait du regain de la crise après le second choc pétrolier de 1979. Bien au contraire, les sondages resteront longtemps défavorables au candidat socialiste tout au long du premier trimestre de 1981.

Si la victoire n'était donc pas inscrite d'emblée, elle eut pourtant lieu et son caractère historique – le centre de gravité politique n'était jamais repassé à gauche depuis les élections législatives de 1956, sous la IVe République – questionne l'historien : par-delà la cause importante mais conjoncturelle que fut la défection de voix gaullistes, au moment du second tour, dans le camp de Valéry Giscard d'Estaing, existe-t-il des traits davantage structurels qui permettraient de mieux comprendre cette alternance de 1981 qui, là encore, peut s'interpréter comme une confirmation, encore à cette date, de la solidité de l'écosystème quinto-républicain ? Celui-ci a ainsi absorbé tour à tour le départ du général de Gaulle, la perte de la magistrature suprême par les gaullistes puis une inversion de l'équilibre droite-gauche qui prévalait depuis l'installation du nouveau régime.

Même si les manœuvres, entre les deux tours, de certains membres du RPR ont joué un rôle certain, il y a bien, au fil des années 1970, une dynamique de la gauche, qui contraste avec la première décennie d'existence de la Ve République. Cette dynamique puise en partie dans la modification des équilibres au sein de cette gauche après 1971 : le PS, né cette année-là, a d'abord dû batailler avec un PCF électoralement plus puissant que lui et par là même peu enclin à laisser écorner une telle suprématie. Une partie de l'habileté tactique de François Mitterrand consista à privilégier une alliance politique avec les communistes tout en renforçant progressivement le PS. Il y eut bien à gauche, au terme d'une décennie d'alliance conflictuelle, un rééquilibrage au profit des socialistes et celui-ci fut doublement porteur pour le PS et son leader : d'une part, il permit, en ce moment fatidique qu'est le premier tour de l'élection présidentielle, à François Mitterrand de supplanter le candidat communiste Georges Marchais. Treize ans plus tôt, en 1969, un autre candidat communiste, Jacques Duclos, avait écrasé le candidat socialiste Gaston Defferre et comme, en 1974, la candidature d'un seul candidat de l'union de la gauche, François Mitterrand, avait pu se réaliser, rien ne permettait en 1981 de prévoir à coup sûr que, en cas de duel – et ce fut le cas –, un socialiste l'emporterait forcément sur un communiste. À bien des égards, le score décevant de Georges Marchais (15,34 % des suffrages exprimés) fut une surprise et, plus encore, l'écart de dix points avec François Mitterrand. D'autant que, d'autre part, un tel écart neutralisa, dans cet autre moment encore plus décisif qu'est le second tour, une sorte de blocage psychologique responsable de la rétention à droite des voix centristes en cas d'élection binaire : la crainte de la suprématie communiste faisait apparaître tout candidat de gauche comme un otage potentiel, voire une marionnette, du PCF. En 1981, ce type d'hypothèque se trouvait *de facto* levé, en raison du résultat du premier tour de François Mitterrand et le passage, de ce fait, à gauche de certaines voix centristes joua un rôle essentiel dans une élection qui, sans être aussi serrée qu'en 1974, reste l'une des plus étroites de la Ve République, avec 51,75 % pour le vainqueur.

Pour autant, le sens tactique de François Mitterrand et l'évolution des rapports de forces au sein de la gauche n'expliquent qu'en partie la victoire socialiste de 1981. Des aspects davantage structurels rendent également compte d'une telle victoire, en même temps qu'ils reflètent l'évolution que connaît à la même date la société qui porte la Ve République. Bien des observateurs souligneront, en effet, que la victoire socialiste était notamment le produit des mutations sociologiques qui s'étaient poursuivies : ainsi, l'accroissement du salariat au sein de la population active, la poursuite de l'urbanisation et, sur un tout autre registre, le reflux de la pratique religieuse. Une France d'employés et de cadres citadins aurait succédé à un pays longtemps constitué en majorité de ruraux et de petits commerçants : en d'autres termes, le salariat et l'urbanisation auraient enfanté une France de gauche, et la réussite de François Mitterrand serait fille des « Trente Glorieuses »... et de la baisse de la pratique religieuse, qui aurait permis, entre autres, une percée socialiste dans l'Ouest.

2. **Une France orpheline de sa croissance.** – Si on mesure d'emblée ce que de telles explications formulées à chaud ont d'approximatif, celles-ci partent pourtant d'une réalité indéniable, la poursuite de la grande métamorphose française dans la deuxième partie des années 1970 en dépit de l'irruption de la crise économique. Mais les retombées politiques d'une telle situation française ont été beaucoup plus complexes et leur analyse nous renseigne indirectement aussi sur l'état de la Ve République en 1981, près d'un quart de siècle après

sa naissance. À cette date, le pouvoir politique est confronté à une fracture multiple de la société française : économique du fait des deux chocs pétroliers, politique avec une concurrence réactivée des deux rameaux principaux de la droite française, sociologique avec l'urbanisation croissante et l'extension du salariat. Mais ces deux derniers traits constituaient déjà le décor de la France gaulliste des années 1960. Bien plus, les résultats flatteurs qu'enregistra l'opposition de droite, deux ans à peine plus tard, aux élections municipales de 1983 conduisent à relativiser fortement l'hypothèse de l'urbanisation comme paramètre explicatif essentiel du vote à gauche. De surcroît, les effets politiques induits par les Trente Glorieuses résident sans doute davantage dans la modification des rapports d'autorité et de hiérarchie dans la vie quotidienne que dans une forte évolution des rapports de force droite-gauche, que 1981, en fait, n'a pas été. Au bout du compte, il faut y revenir, le point le plus important à cette date et le facteur explicatif déterminant restent bien la détérioration du socle socio-économique sur lequel s'était bâti le nouveau régime et avaient prospéré les équipes politiques en place : gestionnaires de la prospérité largement partagée, elles n'ont guère été inquiétées, jusqu'en 1974, par une opposition de gauche divisée. À partir de cette date, le rapprochement, même conflictuel, des forces de gauche en fait rapidement une alternative d'autant plus crédible que la deuxième partie des années 1970 marque bien une césure fondamentale : la France devient alors orpheline de sa croissance rapide des trois décennies précédentes, et la crise économique n'a pu que contribuer à l'usure de l'équipe dirigeante en place.

Cela étant, on commettrait une grave erreur de perspective historique en n'imputant à cette crise que l'alternance droite-gauche de 1981. Plus largement, c'est l'écosystème quinto-républicain qui allait se trouver progressivement perturbé par le changement de configuration économique. Ces années 1970 sont bien un moment essentiel de l'histoire de la Ve République. Ce régime parvient à ce moment à une sorte de point d'équilibre : ses institutions, qui ont passé positivement le test d'effort qu'a été pour elles la crise de Mai 68, donnent aux équipes gouvernementales successives suffisamment de stabilité pour gérer l'onde de choc issue de cette crise mais aussi, beaucoup plus largement, la grande métamorphose amorcée au cours de la décennie précédente. Bien plus, après avoir fait la preuve de leur capacité à survivre à leur fondateur qui s'était tant identifié à elles, ces institutions se montrent également aptes à structurer la vie politique autour d'une bipolarisation et à organiser dans le même temps une double alternance, d'abord en 1974 dans le camp des droites françaises, ensuite en 1981 entre celles-ci et les gauches.

Mais ce point d'équilibre ne sera qu'un moment d'équilibre. En 1973-1974 s'opère, en effet, une autre forme d'alternance, de nature économique : les Trente Glorieuses, qui avaient été le terreau de la Ve République et dont celle-ci avait été ensuite la gestionnaire, se terminent assez brutalement ; commence alors une crise multiforme, dont les effets ne seront pas tous immédiatement sensibles. Si certains de ces effets contribuent, conjoncturellement, à l'alternance politique de 1981 et paraissent ainsi confirmer la solidité du régime et sa capacité d'adaptation, des effets beaucoup plus profonds et durables vont, au contraire, introduire rapidement en son sein des germes de dérèglement.

Chapitre III

LES ANNÉES 1980 : LES DÉBUTS DU DÉRÈGLEMENT

La victoire de la gauche le 10 mai 1981 est confirmée le mois suivant : François Mitterrand ayant procédé à la dissolution de l'Assemblée nationale, de nouvelles élections législatives ont lieu, qui ratifient en l'amplifiant le succès socialiste. La Ve République semble parvenue à cette date à une réelle stabilité : ses institutions permettent apparemment de gérer sans à-coups particuliers des changements de majorités mais aussi de politiques menées. Tout paraît donc confirmer à cette date que le moment d'équilibre est appelé à durer. En fait, il n'en est rien. Dès les années 1980, des ferments de dérèglement sont à l'œuvre.

I. – La seconde mort des Trente Glorieuses

Pour l'heure, en ce début de décennie, l'équilibre institutionnel semble assuré. Au soir du second tour des élections législatives, le 21 juin 1981, le PS obtient 288 sièges. Comme l'UDR en 1968, il possède à lui seul la majorité absolue des députés. La marge de manœuvre du nouveau Premier ministre, Pierre Mauroy, est d'autant plus importante que le recul communiste a été confirmé par ces élections législatives et que le PS est non seulement victorieux mais dominant à gauche. Le chef de gouvernement est également conforté par un contexte d' « état de grâce », phase classique durant laquelle une nouvelle équipe au pouvoir dispose, après sa victoire, d'une réelle marge de manœuvre.

1. **Le « socle du changement ».** – Fort de cette assise parlementaire et de cette marge politique, Pierre Mauroy met rapidement en place le « socle du changement » : durée du travail hebdomadaire ramenée à 39 heures, retraite à soixante ans, généralisation de la cinquième semaine de congés payés, lois Auroux concernant le droit du travail, abolition de la peine de mort. S'y ajouteront, un peu plus tard, les lois de décentralisation, l'autorisation des radios privées et la création de la haute autorité de l'audiovisuel. Ce « socle du changement » avait été également constitué, sur le plan économique, par une extension du secteur public, avec la nationalisation de 5 sociétés industrielles, 2 compagnies financières et 36 banques.

Le bilan du « changement » ainsi mis en œuvre est contrasté. Certes, certaines des réformes entreprises se traduisent par d'indéniables avancées sociales, mais le gouvernement Mauroy avait, dans le même temps, proclamé « la bataille de l'emploi » : une reprise de l'activité économique était escomptée, que devait permettre la relance de la consommation des ménages, favorisée par l'ensemble des mesures prises (augmentation du SMIC, majoration du minimum vieillesse, des allocations familiales et de l'allocation logement). Or, dans ce domaine, la politique menée se révèle rapidement un échec : le chômage poursuit sa montée, le déficit de la balance commerciale s'aggrave. En juin 1982, un an à peine après la double victoire aux élections présidentielle et législatives, un changement de cap est opéré, par l'annonce d'un plan de « rigueur ». En fait, par-delà une politique de communication visant à en minimiser la signification, ce plan n'était pas une simple batterie de mesures d'ajustement dictées par des difficultés présentées comme passagères après plusieurs dévaluations. Dans l'histoire de la Ve République, il marque bien un tournant décisif. La gauche au pouvoir passe ainsi, plus encore que l'année précédente, du statut d'incarnation d'une sorte d'au-delà politique – « changer la vie » – à celui de gestionnaire du réel. Cette gauche, désormais, se voudra elle aussi comptable du présent, alors qu'elle avait plutôt représenté depuis 1958 une force de contre-proposition sous-tendue par sa position d'opposant.

Même si cette volonté de confrontation avec le principe de réalité deviendra encore plus explicite en 1983, quand François Mitterrand renoncera, après l'avoir envisagé, à faire sortir le franc du système monétaire européen, la « rigueur » annoncée en 1982 marque indéniablement un tournant : il y a bien dès ce moment l'acceptation du monde économique tel qu'il est, en d'autres termes l'économie de marché. S'amorçait une sorte de Bad-Godesberg rampant, à l'échelle de la décennie tout entière : tout comme ce nom de lieu d'un célèbre congrès était devenu le symbole de la renonciation, en 1959, à la référence marxiste par la sociale-démocratie allemande et l'adhésion de cette dernière à un monde régi par cette économie de marché, le PS, en quelques années, a mené à bien une mutation similaire. Avec, il est vrai, deux différences majeures avec son homologue allemand : non seulement, un tel processus survint en France avec un effet différé de plusieurs décennies, mais, de surcroît, il se fit progressivement, au fil des années 1980, et non par un effet d'annonce explicite et daté. Cette évolution fut réelle mais, à ne pas la nommer, le socialisme français, en dépit de sa « culture de gouvernement » désormais revendiquée, entretint à partir de ce moment des relations complexes avec l'économie libérale.

2. **La perte de magie du politique.** – Cela étant, même si ce ralliement à l'économie de marché fut ainsi complexe et ambigu, il apparaît bien, avec le recul, comme un moment décisif de l'histoire des cultures politiques sous la Ve République : le point de clivage droite-gauche ne se ferait plus sur cette question, pourtant jusqu'ici idéologiquement discriminante. De surcroît, un tel ralliement et la proclamation de la nécessité de la « rigueur » ont une autre conséquence essentielle : la vertu tout à la fois sociale et volontariste – le réel peut être modifié, à condition de le vouloir – affichée par la gauche cédant la place au principe de réalité, un tournant politique et psychologique est opéré. La crise est bien là et aucun parti de gouvernement ne peut plus, en France, en nier l'existence ou en sous-estimer l'importance. Neuf ans après le premier choc pétrolier, une page est tournée et 1982, d'une certaine façon, marque bien la seconde mort des Trente Glorieuses.

Un tel tournant est essentiel pour l'histoire de la Ve République. Aucune équipe au pouvoir ne peut plus désormais faire rêver, et la vie politique française, plus que par le passé, sera un affrontement des possibles. Une perte de magie du politique, rattrapé par le principe de réalité, a bien lieu à cette date et les équipes en place en subiront tour à tour les conséquences. Alors que, jusqu'aux années 1970, la stabilité économique constituait une prime aux sortants, ceux-ci seront désormais plutôt fragilisés par leur présence au pouvoir.

1981 avait déjà constitué une illustration d'un tel cas de figure, d'autant que la gauche incarnait à ce moment la volonté de « changer la vie ». En 1986, 1988 et 1993, l'alternance sera la règle, touchant alors cette gauche aussi bien que la droite. On mesure bien ici le contraste avec la période précédente, durant laquelle la stabilité était la norme. En quelques années à peine, au fil de la décennie, la Ve République allait passer d'une telle stabilité, au moins apparente, à un dérèglement avéré. Le moment d'équilibre avait été réel, mais bref à l'échelle de l'histoire nationale : vingt à vingt-cinq ans à peine, entre le rapide enracinement du premier versant des années 1960 et ce processus de dérèglement qui produira ses effets au fil des années 1980.

II. – La flambée du Front national

L'un de ces effets date du milieu de la décennie : alors que la Ve République semblait, depuis 1958, protégée de l'extrémisme politique, elle se trouve alors confrontée à la brusque montée du Front national. Certes rien n'autorise, au moment de cette crue, à conclure à une installation durable du phénomène en position de hautes eaux ; mais l'ampleur du processus était déjà tel qu'il peut être analysé comme l'un des symptômes du dérèglement en cours. Bien plus, son maintien et son renforcement au cours des années suivantes constituent une autre nouveauté : jusqu'ici, au fil du XXe siècle, les flambées de l'extrême droite avaient été passagères.

1. **Un métabolisme de l'intermittence.** – Ces flambées, en effet, ont toujours été suivies de longues périodes de reflux : un métabolisme de l'intermittence, en quelque sorte, passant d'épanouissements passagers

en évanouissements durables. Mais, à chaque reprise, elles ont été activées par des crises aiguës de la démocratie française. Par-delà leur diversité intrinsèque, elles ont souvent entremêlé trois facteurs déclenchants : mutation sociologique accélérée, malaise dans la représentation politique, crise identitaire de la communauté nationale. C'est le cas, notamment, dans la dernière décennie du XIXe siècle. La IIIe République, à l'époque tout juste âgée d'une vingtaine d'années mais déjà très solidement enracinée, est confrontée à un triple ébranlement : poussée nationaliste, portée par le regret lancinant de la perte de l'Alsace-Lorraine, mue sociologique rapide avec la montée concomitante des classes moyennes et de la classe ouvrière aux aspirations contradictoires, antiparlementarisme envers le personnel politique républicain.

Déjà se constitue à cette époque une sorte de noyau structurant de l'extrême droite, que l'on retrouvera, sous des formes diverses et avec un dosage variable, dans ses différentes flambées : angoisse sociale dans les phases de mutation ou de crise, crainte du déclin national, méfiance à l'égard de la représentation politique démocratique. À sa manière, l'extrême droite sera ainsi à plusieurs reprises, une sorte de caméléon, prenant des teintes propres à chacune des époques concernées, en reflétant chaque fois les grandes fièvres protestataires. Dès le seuil du XXe siècle existait une sorte de triade constituant le terreau de cette extrême droite nationale-populiste : mutation sociologique, malaise dans la représentation, crise d'identité nationale. Et l'existence intermittente de ce courant politique durant les dix décennies qui suivent s'explique notamment par la réapparition, chronologiquement irrégulière, de cette triade constitutive.

L'extrême droite est ainsi sortie à plusieurs reprises de son lit au fil du XXe siècle : avant les années 1980, ces crues ont été au nombre de trois, lors de la crise française des années 1930, avec la multiplication des ligues, après le coup de tonnerre militaire et politique de 1940, avec certains des éléments constitutifs du régime de Vichy, puis au moment de l'impuissance apparente de la IVe République avec le poujadisme. Cela étant, dans ces trois cas l'intermittence était restée la norme et les pics d'intensité étaient chaque fois demeurés relativement brefs, de l'ordre de quelques années au maximum. L'installation durable de l'extrême droite en position haute constituera donc une indéniable nouveauté. Et ces hautes eaux surprendront d'autant plus que, avec la Ve République, le temps semblait venu de l'assèchement politique de cette extrême droite. D'une part, la IVe République affaiblie avait cédé la place à un régime qui paraissait davantage affermi sur de nouvelles bases institutionnelles et qui semblait avoir désamorcé, par la forte adhésion à son esprit et à son fonctionnement, la crise de la représentation politique qu'avait été le mouvement Poujade. D'autre part, la forme de décolonisation gaulliste et la pédagogie du verbe qui l'accompagnait avaient désarmé, au moins en partie, la crainte d'une perte d'identité nationale qu'exprimait aussi ce mouvement, d'autant que la politique étrangère du général de Gaulle était venue, d'une certaine façon, compenser politiquement et psychologiquement la perte de l'Empire. De surcroît, si la IVe République avait été également affaiblie par l'inquiétude sociale liée à la grande métamorphose en cours, que reflétait aussi le poujadisme, la croissance économique qui accompagne celle-ci contribue non seulement à en amortir les effets mais constitue même bientôt, on l'a vu, une sorte d'euphorisant national : la hausse globale du niveau de vie, vite perceptible dans la vie quotidienne, a atténué les tensions de la société française.

Une fois passées les inquiétudes sociologiques liées à leur phase d'essor, les Trente Glorieuses ont bien été une phase d'atonie de l'extrême droite française. Certes, en 1965, son candidat, Jean-Louis Tixier-Vignancour avait atteint un score de 5 % des suffrages exprimés à l'élection présidentielle, mais il s'agissait encore des effets différés de la guerre d'Algérie : le vote des rapatriés constituait la plus grande partie de ces suffrages. Au reste, neuf ans plus tard, le score de 0,74 % obtenu par Jean-Marie Le Pen à l'élection présidentielle de 1974 en fournit le contre-indice et la confirmation : non seulement le retour à l'étiage est manifeste mais un tel score semble démontrer que les effets socio-économiques des Trente Glorieuses ont asséché la nappe de l'extrême droite qui, à plusieurs reprises, avait affleuré dans les débats franco-français du XXe siècle. La Ve République paraissait donc être à l'abri de nouvelles crues, dont les sources potentielles s'étaient taries.

2. **Une triple crise.** – Mais les Trente Glorieuses se terminent au milieu des années 1970 et 1982 en constitue de surcroît, on l'a vu, à bien des égards la seconde mort. Le régime se trouve alors confronté à un dérèglement multiforme mais globalement ternaire : la crise qui le touche est tout à la fois sociale, identitaire et politique. Et le brusque envol du Front national au cœur des années 1980, au moment où les effets de cette crise deviennent historiquement denses, apparaît bien tout à la fois comme le symptôme et le fruit de ce

dérèglement. Les corrélations à cet égard les plus manifestes concernent la crise sociale. Certes, celle-ci s'était amorcée dès les lendemains du premier choc pétrolier de 1973, dix ans plus tôt, mais un classique effet de latence opéra à cette date et l'opinion ne prit conscience que progressivement de l'ampleur et du caractère durable du processus en cours. La hausse soudaine du chômage dès 1974 et son doublement en deux ans à peine ne se sont pas traduits par une commotion soudaine, d'autant que la phase de croissance soutenue qui se terminait ainsi avait duré trente ans et que le mieux-être, de ce fait, était devenu une sorte d'horizon indépassable de la société française. Il fallut plusieurs années pour que la perception d'une inversion durable de tendance s'impose.

Si cet effet de latence explique en partie les retombées politiques différées de la crise sociale, le fonctionnement jusqu'à cette date de la Ve République constitua aussi un facteur allant dans le même sens. À la fin des années 1970, au moment où les effets sociaux de la crise économique commencent à prendre de l'ampleur et où leur perception commence à opérer, l'équipe au pouvoir s'en trouve fragilisée mais la bipolarisation de la vie politique paraît offrir de façon quasi mécanique une alternative, avec la montée de la gauche. Et précisément, ce n'est que lorsque cette gauche l'aura emporté en 1981 mais aussi que sa politique aura vite montré ses limites face à la crise que l'inquiétude sociale, qui avait continué à croître à mesure que la stagnation économique se prolongeait et s'aggravait, commença à favoriser la croissance du Front national. Le désarroi engendré par l'échec de deux politiques successives menées tour à tour par la droite et la gauche et la déception créée en raison des espoirs placés en la seconde par l'électorat populaire ont alors encore davantage déstabilisé le corps social, au sein duquel le chômage avait continué à progresser entre-temps.

Cela étant, l'absence de concomitance initiale entre ce chômage, déjà haut à la fin des années 1970, et l'envol, plus tardif, de l'extrême droite montre que la crise sociale n'a pas été à elle seule le facteur déclenchant d'un tel envol. La crise française, en fait, est alors bien plus large et revêt un aspect ternaire, avec également une crise identitaire et une crise de la représentation politique. La crise identitaire est forte à cette date, car elle revêt une double nature : elle est nourrie d'un rejet de l'immigration par une partie du corps social fragilisée par le chômage mais aussi tiraillée par une sorte de jeu d'échelles, inédit dans l'histoire nationale, entre construction européenne et amorce d'une globalisation socio-économique. Il y a bien alors le développement d'une sorte d'inquiétude diffuse à propos de l'État-nation France.

Le terreau sur lequel a prospéré le Front national est donc constitué à la fois par la déchirure du tissu social enclenchée par la fin des Trente Glorieuses et par la crise d'identité nationale croissante, les deux phénomènes s'auto-alimentant : les rejets et les phobies de la seconde crise sont aussi entretenus par le malaise social grandissant. Et cette double crise s'accompagne, de surcroît, d'une autre crise, plus spécifiquement politique : il se développe au même moment, nourrie par cette inquiétude nationale diffuse et par ce malaise social, une méfiance croissante envers les partis dits de gouvernement. L'incapacité successive de la droite puis de la gauche à enrayer le processus de dégradation de la situation économique et sociale entraîne une désaffection, et bientôt une hostilité, d'une partie de l'opinion vis-à-vis de la classe politique. Un triple contentieux s'amorce avec celle-ci : sensation d'abandon social, sentiment de déclin national, impression d'un déficit de représentation politique. Et c'est le parti de Jean-Marie Le Pen, qui se présente en rupture avec « l'établissement » politique, qui capitalise électoralement ce contentieux. Dans sa posture protestataire, le Front national bénéficie de ce déficit croissant de la socialisation politique. Le parti de Jean-Marie Le Pen y trouve rapidement, entre les élections européennes de juin 1984 et les législatives de mars 1986, une source de vigueur électorale et un facteur d'enracinement durable.

III. – Le temps des « cohabitations »

Si ces élections législatives de 1986 permettent ainsi une flambée du Front national, c'est aussi en raison du changement, entre-temps, du mode de scrutin. Le PS, soucieux de limiter les effets de sa défaite probable à l'occasion de la première échéance décisive depuis 1981 – le renouvellement de l'Assemblée nationale au printemps 1986 –, a introduit le scrutin proportionnel quelques mois avant l'élection. Cette modification a permis au Front national, avec 9,80 % des suffrages exprimés, d'obtenir 35 sièges. Cela étant, cette percée de l'extrême droite n'empêche pas la victoire de la droite. L'UDF et le RPR l'emportent et parviennent à obtenir une courte majorité absolue : 291 élus sur 577. Pour la première fois depuis les débuts de la Ve République, un président de la République ne dispose plus à l'Assemblée nationale d'une majorité de son bord politique.

1. **Glissement à droite.** – Commence alors une phase institutionnellement inédite, bientôt appelée

« cohabitation », avec un président socialiste et un gouvernement de droite. Au surlendemain de l'élection, en effet, le président de la République, prenant acte de la victoire d'une majorité nouvelle, nomme Jacques Chirac Premier ministre. Le caractère inédit d'une telle désignation ne vient pas du retour d'un même homme à ce poste : certes, Jacques Chirac a déjà été à Matignon entre 1974 et 1976, mais un tel retour est une pratique parfaitement banale dans d'autres démocraties libérales. La nouveauté réside bien, en fait, dans cette « cohabitation » qui s'instaure *de facto* entre un président de la République et un chef de gouvernement de sensibilités politiques non seulement différentes – c'était déjà le cas en 1974 entre le même Jacques Chirac et Valéry Giscard d'Estaing – mais antagonistes. Moins de trente ans après avoir été forgées et un quart de siècle à peine après avoir pris leurs contours définitifs en 1962, les institutions de la Ve République connaissent un tournant essentiel.

Le 22 mars 1986, se tient le premier Conseil des ministres du gouvernement Jacques Chirac, présidé par le chef de l'État. L'atmosphère glaciale de la séance souligne le caractère inédit de l'épisode et la tonalité conflictuelle qui dominera, de façon le plus souvent feutrée, durant les deux années qui suivent jusqu'à l'élection présidentielle du printemps 1988. Les différences de sensibilité politique sont d'emblée patentes entre un président socialiste et un gouvernement qui entend mettre en œuvre un programme économique d'inspiration libérale. Le désaccord éclate dès qu'est entreprise une vague de privatisations. Celles-ci concernent non seulement les nationalisations opérées après 1981 mais aussi certaines de celles opérées après la Libération par le général de Gaulle. La procédure initialement prévue, par voie d'ordonnances, est refusée par le président et c'est par la voie parlementaire que s'effectueront ces privatisations.

Le fait que celles-ci soient opérées par le principal dirigeant gaulliste de l'époque, Jacques Chirac, est également révélateur de l'évolution de cette sensibilité politique et, plus largement, des changements de mentalités qui s'opèrent en profondeur dans cette France des années 1980. Après 1958, revenu au pouvoir dans une France qui commençait à connaître la mutation la plus profonde et l'enrichissement le plus rapide de son histoire, le gaullisme était devenu, à bien des égards, non seulement le dépositaire de cette prospérité mais aussi le gardien de la modernisation en cours : la modernisation des institutions et, de surcroît, l'accélération de la croissance par une sorte de colbertisme économique qui confère à l'État un rôle important. Mais le changement de conjoncture économique à partir du milieu des années 1970 et la progression électorale de l'opposition de gauche placeront progressivement ce volontarisme en porte-à-faux : les tenants du libéralisme économique présenteront celui-ci comme un remède contre le développement de la crise, tandis que les partis de gauche proposeront, dans l'opposition, puis durant leurs premières années au pouvoir, une intervention plus importante de l'État.

Bien plus, la montée en puissance et le succès apparent, à la même époque, des politiques libérales en Grande-Bretagne et aux États-Unis, qui se doublaient en France d'un recul idéologique du marxisme, entraînent, au fil des années 1980, une sorte de glissement général de la vie politique française vers la droite. L'un des symptômes, on l'a déjà souligné, en est la conversion du PS à l'économie de marché. Un autre signe est précisément ce ralliement, au moment du second gouvernement de Jacques Chirac, du mouvement gaulliste au libéralisme économique. En une dizaine d'années à peine, le gaullisme avait ainsi connu une double métamorphose : à travers le RPR créé en 1976, Jacques Chirac avait incarné une forme de néo-gaullisme, sans rapport générationnel direct avec le gaullisme originel de 1940 ou même de 1958, et ce RPR, une fois revenu au pouvoir et rallié au libéralisme, avait ainsi abandonné sa composante interventionniste qui, avec le nationalisme, était partie intégrante de son identité politique.

2. **Vie ou mort du clivage droite-gauche ?** – À gauche également, cette seconde partie des années 1980 est le moment où des évolutions en cours prennent suffisamment de densité pour que l'on puisse là encore parler de métamorphose. D'une part, le PCF poursuit sa décrue rapide : passé de plus de 20 % à 15 % en 1981, il décroche encore davantage au moment des élections européennes de 1984, se retrouvant presque à la barre symbolique des 10 % des suffrages exprimés (11,20 %), talonné par le Front national (10,95 %). À gauche, plus rien désormais ne sera donc comme avant : le danseur communiste du « quadrille bipolaire » est distancé par un PS devenu dominant. Et cette métamorphose de la gauche ne concerne pas seulement son rapport de forces endogène. D'autre part, ce parti dominant connaît au même moment, on l'a vu, une sorte de congrès de Bad-Godesberg rampant et un abandon implicite de la référence au marxisme.

La mutation idéologique à l'œuvre conduisit, du reste, un certain nombre d'observateurs à conclure à la fin d'une certaine forme d'exception française, avec notamment le clivage droite-gauche, jusque-là très structurant, qui aurait été alors en passe d'être transcendé. À bien y regarder, pourtant, une telle évolution n'était pas aussi manifeste. Certes, les mutations idéologiques en cours de certaines des forces politiques enlevaient une partie de sa profondeur au fossé droite-gauche et les années 1980 ont vu, de surcroît, la France purgée de quelques-unes de ses grandes querelles endogènes : on assiste, par exemple, à partir de 1984, à la mise en sommeil de la querelle récurrente et longtemps politiquement discriminante sur l'école libre, tout comme, à la fin de la décennie, le Bicentenaire de la Révolution française reflète l'apaisement d'une question restée longtemps source de conflits et de débats quant à son interprétation et sa portée. D'une certaine façon, la France, paraissant avoir ainsi gommé certaines de ses principales lignes de clivage, semblait rentrer dans le rang des grandes démocraties libérales occidentales : le jeu politique y demeurait bipolaire, mais sans divisions aussi aiguës que par le passé. Bien plus, le président de la République lui-même fait campagne en 1988, au moment où il brigue sa réélection, sur le thème de la « France unie », avec, en toile de fond, la réconciliation de la gauche avec l'économie de marché. Alors qu'il avait été élu, sept ans plus tôt, dans un contexte de bipolarisation droite-gauche porté à son paroxysme, ses beaux scores des premier et second tours de 1988 montrent que, pour être avant tout tactique, ce slogan n'a pu trouver un tel écho dans l'électorat que parce que cette bipolarisation n'avait plus le même pouvoir structurant qu'en 1981.

Pour autant, l'écho ainsi rencontré validait-il une réelle intuition, chez le président sortant, d'une éventuelle mutation en cours, ou, plus prosaïquement, ne se nourrissait-il pas avant tout d'un effet de saturation de l'électorat, après plusieurs années d'échéances politiques importantes ? À bien y regarder, en effet, il apparaît que ces annonces répétées, à l'époque, de la mort du clivage droite-gauche ne correspondaient qu'en partie à la réalité. Loin d'être en voie de décomposition, ce clivage restait bien, on le verra, une donnée majeure des différentes cultures politique en présence et demeurait à cette date la véritable épine dorsale de l'identité citoyenne d'une grande partie des électeurs. En même temps, en raison de la disparition du débat explicite sur l'économie de marché, il se recomposait sur de nouveaux enjeux, qui allaient devenir à leur tour politiquement discriminants et entretenir la vigueur de la *summa divisio*. Du reste, le second tour de l'élection présidentielle de 1988, qui oppose les deux acteurs principaux de la « cohabitation », Jacques Chirac et François Mitterrand, refléta une France bipolaire et non « unie » et toutes les échéances électorales importantes des années 1990 seront placées sous le signe d'une *divisio* restée vivace : défaite historique du PS aux législatives de 1993 et retour subséquent de la droite au pouvoir avec une nouvelle « cohabitation », duel Chirac-Jospin lors de la présidentielle de 1995, revanche du second sur le premier aux législatives de 1997 entraînant une troisième « cohabitation ».

En même temps, et sans que le constat soit contradictoire, cette bipolarisation maintenue était en partie masquée par un autre effet du dérèglement en cours : le « vote éclaté ». Les années 1990 allaient être largement placées sous le signe d'une fragmentation, au moins partielle, du corps électoral. Et l'écosystème enraciné allait s'en trouver profondément perturbé.

DEUXIÈME PARTIE

UN ÉCOSYSTÈME EN CRISE

Si ses conditions de gestation ont longtemps conféré à la Ve République un soupçon de césarisme et entretenu chez bien des observateurs le sentiment que le renversement du rapport de forces entre pouvoirs exécutif et législatif en faveur du premier avait entraîné un réel déséquilibre, institutionnalisant une sorte de « monarchie élective » – le mot est du général de Gaulle lui-même, dans ses conversations avec Alain Peyrefitte –, le régime a inversement bénéficié, dans les premières décennies de sa mise en œuvre, d'arguments historiques à faire valoir, implicitement admis par une majorité de peuple souverain lors des consultations électorales fondatrices puis des échéances politiques décisives.

Trois facteurs, notamment, ont joué objectivement en sa faveur. D'une part, la IVe République a pâti d'une sorte d'injustice historique qui, par contraste, a bénéficié à son successeur : son instabilité politique est vite apparue comme chronique, sa difficulté à régler la crise algérienne – que le général de Gaulle mettra pourtant lui aussi quatre ans à résoudre – a bientôt semblé le reflet d'une sorte d'incapacité congénitale, et l'effet forcément différé de sa réelle politique de relèvement et de modernisation économiques n'a pu contrebalancer cette image devenue négative et en a fait une sorte de « mal aimée » auprès de l'opinion. De ce fait, elle n'a pas véritablement suscité de regrets ou de nostalgie après sa disparition, et les premières générations d'électeurs concernées par la Ve République ont gardé le souvenir, direct ou indirect, de ces conditions d'apparition du nouveau régime et ont ainsi porté à son crédit le retour à la stabilité, d'autant que, d'autre part, le pays était à l'époque emporté par une croissance conquérante, facteur d'amélioration de la vie quotidienne. Ce régime, à bien des égards, devint donc aux yeux du plus grand nombre synonyme de modernisation politique réussie et de mutation socio-économique faste : la restauration de l'État et l'enrichissement du pays, en quelque sorte.

Bien plus, un troisième facteur essentiel lui conféra vite, explicitement ou implicitement, le soutien des principales forces politiques, y compris celles qui avaient été dans un premier temps réticentes ou hostiles : l'alternance s'y révéla possible et, du coup, les institutions n'y apparurent plus, aux yeux de ces adversaires initiaux, comme bâties pour le seul général de Gaulle. D'autant qu'une certaine marge possible dans l'interprétation de quelques-uns des articles de la Constitution donna à celle-ci une réelle souplesse dans sa mise en œuvre, atténuant ainsi une réalité pourtant indéniable : la surpuissance des pouvoirs présidentiels, le statut incertain du chef du gouvernement et la minoration du rôle du Parlement.

Loin d'avoir suscité des critiques profondes – hors de quelques cercles restreints –, une telle exception française a donc été longtemps portée au crédit du régime né en 1958, tant celui-ci semblait être aux yeux du plus grand nombre un gage de stabilité intérieure et de puissance nationale. Au seuil des années 1990, plus d'un tiers de siècle après sa naissance, la Ve République apparaissait encore, en dépit de quelques symptômes de dérèglement, comme le garant de cette stabilité et de cette puissance. Mais cette décennie allait se révéler pathogène pour le régime, les symptômes de dérèglement apparus au fil des années 1980 prenant en cette fin de siècle une intensité encore plus forte.

Chapitre IV

LE STADE DU DYSFONCTIONNEMENT

Dans les années 1990, la perte de magie du politique et la montée de l'extrémisme débouchent sur une fragmentation du corps électoral en un « vote éclaté » ; aucune majorité politique ne parvient à se maintenir au pouvoir au-delà d'une consultation électorale, et les deux présidents successifs se retrouvent tour à tour placés en situation de « cohabitation ». Bien plus, et les deux constats sont corrélés, une telle accélération du dérèglement s'opère dans une France où la période des Trente Glorieuses semble être une époque révolue, à laquelle a succédé une phase de profond déséquilibre.

I. – Le « vote éclaté »

Si François Mitterrand est aisément réélu en 1988, avec 34,09 % des voix au premier tour et 54,01 % au second tour, ce printemps 1988 est déjà le moment où plusieurs indices confirment que le dérèglement amorcé au fil de la décennie se poursuit.

1. **Les ambiguïtés de 1988.** – Certes, les Français sont venus voter en nombre et le taux d'abstention du premier tour (18,62 %) est proche de celui de 1981 (18,91 %), mais le candidat du Front national, Jean-Marie Le Pen, recueille 14,39 % des suffrages expri-

més. En 1974, son score, on l'a vu, avait été de 0,74 % et en 1981 il n'avait même pas pu trouver les signatures nécessaires pour être candidat. Le Front national confirme donc, en l'amplifiant, sa percée des années précédentes. Le dérèglement en cours est également perceptible dans le résultat des élections législatives du mois de juin suivant, consécutives à la dissolution de l'Assemblée nationale par le président réélu. En 1981, dans une configuration politique similaire, le PS avait obtenu la majorité absolue des députés au soir du second tour de telles élections. En 1988, alors que le scrutin majoritaire uninominal à deux tours, supprimé en 1986, a été rétabli, le PS n'obtient que 275 sièges sur 575. Le nouveau Premier ministre, Michel Rocard, devra gouverner avec une majorité parlementaire relative. Comme l'UDF et le RPR ne totalisent pas non plus, à eux deux, une majorité absolue de députés (il y a encore à cette date 27 députés communistes, et un député Front national, ce parti étant laminé par le scrutin majoritaire), les socialistes ne sont pas contraints d'emblée à une nouvelle « cohabitation », mais la Ve République est ainsi confrontée à un cas de figure inédit : l'élection présidentielle ne parvient pas, comme par le passé, à décanter au début d'un septennat une configuration politique stable, marquée par l'adéquation entre majorité présidentielle et majorité parlementaire.

Cela étant, c'est au début de la décennie suivante que les effets du dérèglement deviendront plus directement manifestes. En mars 1992, en effet, au moment des élections cantonales et régionales, le paysage politique français apparaît profondément modifié, à tel point que trois politologues (Philippe Habert, Pascal Perrineau et Colette Ysmal) concluent à un « vote éclaté », avec notamment un « éclatement des électorats » : les partis dits de gouvernement (PS, UDF et RPR) n'ont totalisé à ces consultations de mars 1992 que la moitié des suffrages exprimés, 51 % exactement. Un tel phénomène se double du processus concomitant – et corrélé – de « l'éclatement de l'offre politique », avec de nouvelles forces partisanes. À cette date, deux de ces forces frappent les observateurs : le Front national, qui poursuit sa montée en puissance, et le courant écologiste, qui se nourrit à la fois de l'émergence récente dans le débat des questions d'environnement et du report sur ses listes d'électeurs socialistes déçus.

Cette crise de la représentation politique est encore confirmée le 20 septembre suivant par les résultats du référendum portant sur le traité de Maastricht, aux Pays-Bas. Ce traité prévoyait notamment l'instauration, à la fin de la décennie, d'une monnaie unique et d'une Banque centrale européenne. Lors de ce référendum, 12 millions d'électeurs s'abstiennent et seuls 51,04 % des suffrages exprimés se prononcent en faveur du « oui », pourtant soutenu aussi bien par le PS que par la plus grande partie de la droite d'opposition, dont Valéry Giscard d'Estaing et Jacques Chirac.

2. **Une crise de la représentation.** – Ces résultats confirment l'ampleur de la crise de la représentation politique alors à l'œuvre. Les observateurs soulignent, en effet, la coupure socioculturelle entre la France du « oui » et celle du « non ». Le contexte économique difficile et le climat social morose avaient contribué à développer dans une partie de l'électorat populaire une angoisse diffuse de l'avenir, que la construction européenne, loin d'apaiser, attise encore davantage.

Dès ce moment, la question européenne, qui, depuis les années 1950, avait été un sujet de débat politique intérieur, se double donc de cette dimension davantage psychologique et culturelle : la France, prise dans des jeux d'échelles géopolitiques, avec notamment la poursuite de la construction européenne, aura désormais encore plus de difficultés à dissocier celle-ci d'enjeux endogènes relevant de cette dimension infrapolitique.

Mais le résultat très serré du référendum du 20 septembre 1992 reflétait aussi, plus largement, la montée d'un vote protestataire qui trouvait là à s'exprimer, puisqu'une très grande partie de la classe politique s'était exprimée en faveur du « oui ». Un tel aspect recoupait, du reste, le précédent, puisque c'est notamment dans les milieux populaires plus directement touchés par la crise socio-économique que grandissait à la même époque ce vote protestataire plus que politique. Il y a bien là le reflet, à cette date, de la crise de la représentation politique, une partie de l'électorat ne se reconnaissant plus dans la classe politique traditionnelle. Et ce déficit de la représentation politique, qui nourrit le vote Front national, ne pose pas seulement un problème à la droite parlementaire, qui compte désormais sur ses flancs un parti enclin à la dénonciation et à la surenchère. Le mouvement de Jean-Marie Le Pen, politiquement campé à la droite de la droite, séduit par sa posture protestataire une fraction de l'électorat ouvrier, que le très fort recul du Parti communiste laisse en partie en déshérence. Bien plus, la gauche socialiste est également confrontée à la montée du vote protestataire. La percée du courant écologique au printemps de cette même année 1992, lors des élections cantonales et surtout régionales, avait été un premier indice de cette déception d'une partie de l'électorat socialiste. Au référendum de septembre, le fait devient patent : alors que le président de la République s'est engagé personnellement dans la campagne en faveur du « oui », plusieurs régions de forte et ancienne implantation socialiste, comme le Limousin ou le Nord, votent en majorité pour le « non ».

La gauche socialiste, il est vrai, est alors plus largement exposée que toutes les autres formations politiques à cette crise de la représentation. Étant au pouvoir, elle est considérée comme comptable des difficultés économiques, qui perdurent en dépit d'une amélioration durant quelques années de la conjoncture internationale, et de la déchirure sociale qui continue à produire ses effets. Bien plus, la situation politique du PS est fragilisée par deux facteurs de nature différente mais convergents. D'une part, ce parti est alors profondément divisé. Une telle division est, du reste, perceptible jusqu'au sommet de l'État, puisque si François Mitterrand, après sa réélection en 1988, a nommé Michel Rocard, son ancien rival au sein du PS, Premier ministre, les relations entre les deux hommes resteront acerbes tout au long des trois années du gouvernement Rocard, et ce dernier est brusquement contraint à la démission par le président en mai 1991. Si une telle mésentente dépassait largement les contours des clivages au sein du PS, ceux-ci sont manifestes tout au long de ce début du second mandat mitterrandien et prennent notamment un tour public en mars 1990, lors du Congrès de PS réuni à Rennes : au cours de ces journées, les dissensions entre socialistes prennent un tour particulièrement aigu et l'effet en est désastreux sur l'opinion publique. Les conséquences sur le PS sont d'autant plus graves que, d'autre part, ce parti est alors également confronté à des « affaires » à répétition. Plusieurs proches de membres du gouvernement ou du président lui-même sont suspectés de « délit d'initié » dès 1989 et la question deviendra récurrente au cours des années suivantes.

3. **Le retour de la cohabitation.** – Pour toutes ces raisons, les élections législatives de mars 1993 s'annonçaient catastrophiques pour le parti du président. De fait, au soir du second tour (28 mars), la droite parlementaire obtient 486 sièges, soit 84 % de l'Assemblée nationale. Comme en 1986, mais avec une ampleur bien plus forte, le chef de l'État se retrouvait confronté à une majorité politique adverse, sortie des urnes. François Mitterrand nomme donc comme Premier ministre Édouard Balladur, ministre de l'Économie, des Finances et de la Privatisation lors de la première cohabitation. Dès lors, pour l'ensemble des forces politiques, l'échéance déterminante devient *de facto* la prochaine élection présidentielle, prévue pour le printemps 1995. À droite, le nouveau Premier ministre ne se prononce pas, pour l'heure, sur ses éventuelles ambitions en ce domaine, et c'est bien Jacques Chirac qui apparaît comme le candidat potentiel du RPR. Mais, dès l'automne 1993 une rivalité se fait jour entre ce dernier et Édouard Balladur, auquel sa grande popularité commence à conférer une stature plus forte qu'auparavant. Cet effet de division induit par la préparation de l'élection présidentielle, déjà perceptible avant 1981 entre François Mitterrand et Michel Rocard et entre Jacques Chirac et Raymond Barre avant 1988, semble devenir une donnée structu-

relle de la Ve République. Le cas est d'ailleurs encore plus perceptible à gauche, à mesure que se rapproche l'échéance et que le président sortant, compte tenu à la fois de ses problèmes de santé et de la durée des deux septennats cumulés, n'apparaît pas comme un candidat naturel, à supposer qu'il l'ait souhaité comme la Constitution le lui permet. Ce statut de candidat naturel du PS est d'abord occupé par Michel Rocard, qui prend la tête du parti après la lourde défaite électorale de 1993. Mais le score médiocre de la liste socialiste qu'il mène aux élections européennes de juin 1994 – 14,49 % des suffrages exprimés, devançant de peu les 12,03 % obtenus par la liste MRG conduite par Bernard Tapie – le contraint à quitter la direction du parti. Dès lors, c'est Jacques Delors qui incarnera, plusieurs mois durant, les espoirs du PS, jusqu'à son annonce en décembre 1994 qu'il ne brigue pas la candidature.

En ce milieu des années 1990, les ferments de dérèglement sont ainsi à l'œuvre dans les secteurs principaux du jeu politique : au sommet, la cohabitation crée une situation complexe et, à bien des égards, paralysante ; au sein des partis politiques, de véritables « écuries présidentielles » commencent à s'organiser, et les questions d'appareil l'emportent souvent sur les débats doctrinaux. Bien plus, le vote des Français apparaît encore plus « éclaté » qu'auparavant lors des élections européennes de 1994 : non seulement, on l'a vu, le vote socialiste se retrouve à son étiage, mais le vote protestataire paraît grandir encore davantage ; si le Front national semble légèrement se tasser (10,52 % des suffrages exprimés), il est concurrencé par une liste dissidente de l'UDF, conduite par Philippe de Villiers, qui capitalise, avec un score de 12,33 %, une partie du vote négatif sur le traité de Maastricht en septembre 1992. Surtout, le taux d'abstention atteint pratiquement la moitié des inscrits (47,3 %), indice de la persistance du malaise politique profond que révélaient déjà les différentes consultations du printemps et de l'automne 1992.

Dès lors, l'échéance majeure de l'année suivante s'annonce complexe pour les camps de la gauche et de la droite parlementaires. Pour cette droite, outre la présence sur ses flancs d'une extrême droite en position de hautes eaux, le fait majeur est la concurrence directe de deux candidats issus du RPR. Et le vocabulaire utilisé par les deux hommes est révélateur de cette complexité de la situation générale à cette date et des enjeux qui en découlent. Si le Premier ministre Édouard Balladur, qui a décidé en définitive d'être candidat, se dit résolu à « réformer sans fractures ni rupture », son rival Jacques Chirac se place en candidat porteur d'une solution alternative, en tenant un discours fondé sur le constat d'une « fracture sociale » et sur la volonté proclamée de tenter de la réduire. Or, cette posture quasi oppositionnelle face au pouvoir politique incarné à cette date par François Mitterrand et Édouard Balladur et la victoire au printemps 1995 de celui qui l'a prise, d'abord au premier tour sur Édouard Balladur puis, au second tour, sur le candidat socialiste Lionel Jospin, sont révélatrices d'une situation générale qui s'est encore dégradée.

II. – La fracture sociale ?

L'écho ainsi rencontré par le thème de la « fracture sociale » ou, pour le moins, son indéniable efficacité tactique sont, en effet, indirectement significatifs : la

France dans laquelle un tel diagnostic est prononcé est, à cette date, un pays en crise profonde et les institutions qui y définissent les règles du jeu politique sont alors forcément soumises à de fortes tensions. Conçues dans un pays prospère, dont la ligne d'horizon était le progrès, ces institutions se retrouvent régir, un tiers de siècle plus tard, la vie d'une communauté nationale dont les repères et les attentes ont été entretemps profondément bouleversés.

1. **L'ampleur de la décélération économique.** – Le point a déjà été souligné dans le chapitre consacré aux années 1970, mais il faut y revenir ici plus longuement, tant il est vrai que cette croissance économique avait été l'un des fondements de la paix sociale, sa perception ayant été profondément intériorisée par les Français et son ralentissement n'ayant pas été perçu immédiatement. Certes, certaines des idéologies de cette période des Trente Glorieuses en avaient alors instruit le procès : la « société de consommation » avait été attaquée en mai 1968 et, au seuil de la décennie suivante, le thème de la « croissance zéro » avait rencontré quelque écho. Mais de telles thèses, en dépit d'un tel écho et même si elles ont pu notamment influencer les mouvements écologistes naissants, n'ont jamais emporté la conviction du plus grand nombre : un sondage de l'IFOP d'avril 1972 précisait qu'à cette date les deux tiers des Français – 66 % exactement – jugeaient la croissance économique indispensable à la qualité de la vie.

La corrélation explicitement établie par ce sondage – et acceptée comme telle par l'opinion – entre la bonne santé économique et l'amélioration de la vie quotidienne explique l'ampleur du choc en retour quand survient l'inversion de tendance à partir de l'automne 1973. Le quadruplement du prix du baril de pétrole entre octobre et décembre entraîne des effets si rapides et profonds que la « croissance zéro », dont certains avaient fait une panacée quelques années plus tôt, devient certes une réalité, mais davantage synonyme de stagnation, et bientôt de dégradation, que de poursuite de l'amélioration des genres et des niveaux de vie. Les chiffres sont, à cet égard, éloquents : 15,2 % d'inflation pour l'année 1974 ; un chômage qui double entre le début de cette année 1974 et la fin de l'année suivante, passant, on l'a déjà souligné, de 450 000 à 900 000 ; une production industrielle qui reste pratiquement étale au cours des mêmes années.

Tout autant qu'une telle ampleur, c'est aussi la soudaineté de l'inversion qui donna à la crise son importance : les contemporains étaient habitués à une société portée par une croissance forte et marquée par un quasi plein emploi. Le temps de la « stagflation » – stagnation économique et inflation forte – ne pouvait qu'éprouver cette société en profondeur, même si la perception de ses conséquences y fut différée de quelques années. Entre 1974 et 1979, en effet, les politiques mises en œuvre tour à tour par le gouvernement de Jacques Chirac puis celui de Raymond Barre tentèrent de juguler le processus et, à défaut d'y parvenir totalement, en amortirent l'onde de choc. Mais le second choc pétrolier de 1979 ruina ces efforts et la crise connut une nouvelle poussée : à la fin du premier trimestre 1981, à quelques semaines de l'élection présidentielle, le pays comptait 1 650 000 chômeurs, presque quatre fois plus qu'au début du septennat de Valéry Giscard d'Estaing. Et, au fil de l'année 1980, l'inflation, qui s'était un peu ralentie au cours des dernières années, avait pratiquement retrouvé le taux de 1974, avec une hausse des prix de détail de 13,6 %.

Le niveau de vie des Français se trouva lui aussi touché par l'inversion de tendance. Non que l'on assiste alors à un effondrement ou même à une baisse en termes absolus de ce niveau de vie. Le mécanisme fut plus pernicieux, mais avec des retombées sociales non moins redoutables. En fait, il s'est plutôt agi d'un ralentissement très fort et très rapide de la hausse d'un tel niveau, hausse qui avait été jusqu'ici le trait le plus directement perceptible des Trente Glorieuses dans la vie quotidienne. Une étude du Centre d'étude des revenus et des coûts (CERC) illustre bien l'ampleur du ralentissement après 1973. Cette étude, qui porte sur la période 1960-1983, montre en effet que si le pouvoir d'achat des Français a doublé entre ces deux dates, la progression a été de 80 % entre 1960 et 1973 et de 20 % seulement entre 1974 et 1983. Une chronologie affinée est encore plus significative : le pouvoir d'achat du salaire net moyen connaît une croissance annuelle moyenne de 3,9 % entre 1960 et 1968, de 4,3 % entre 1969 et 1973, de 1,8 % de 1974 à 1980 et de 0,6 % entre 1981 et 1983. La crise survenue entretemps ne se traduit pas, on le voit, par la réapparition brutale de poches de pauvreté dans le pays, en tout cas durant la première décennie qui suit 1973, mais par une brusque décélération de l'amélioration du niveau de vie. Comme cette amélioration était réelle et soutenue depuis plusieurs décennies et qu'elle constituait même une sorte d'euphorisant social, l'onde de choc sociale est profonde et durable.

Là se trouve, du reste, l'un des paradoxes de l'histoire de la Ve République : ce régime, comme d'ailleurs la plupart des autres démocraties libérales concernées par l'arrivée de la crise, parvient à en amortir, par les mécanismes de l'État-providence et notamment les processus de transferts sociaux et de redistribution, les effets les plus lourds, sans pour autant être politiquement crédité de ces tentatives d'enrayement menées aussi bien à droite qu'à gauche, avant comme après 1981. Commencent au contraire, on l'a vu, dans la seconde partie des années 1970, une crise de confiance puis, au fil de la décennie suivante, une véritable déflation – entendue au sens d'érosion – politique, dont la crise socio-économique et ses perceptions par l'opinion constituent l'une des principales causes. Et le paradoxe est d'autant plus frappant que les conditions de vie du plus grand nombre vont continuer à s'améliorer. Les travaux du CREDOC (Centre de recherche pour l'étude et l'observation des conditions de vie), par exemple, indiquent que si, pour ce qui concerne l'« équipement de base » (w.-c. intérieurs, douche ou baignoire, télévision couleur, téléphone, voiture), seule une grosse moitié (57 %) des Français en avait l'usage en 1970, le taux est passé à 92 % en 1992. L'ampleur de la décélération économique après 1974 n'a donc pas, pour autant, entraîné pour le plus grand nombre une dégradation matérielle. Mais l'euphorisant qu'était la croissance conquérante a disparu et, surtout, l'augmentation du chômage a entraîné une aggravation de la déchirure sociale qui masque les progrès accomplis et qui devient la préoccupation majeure des Français.

2. **Les nouveaux pauvres.** – Le choc de la crise est également amplifié par le fait que cette société française fragilisée est, dans le même temps, en train de se modifier profondément dans sa morphologie. La

Ve République était née, on l'a vu, dans un pays composé d'une vaste classe moyenne et d'une classe ouvrière encore forte. Celle-ci sera la première exposée aux effets de la crise économique. Tout comme les petits commerçants et une partie des paysans avaient subi les contrecoups de la modernisation du pays après la Libération et durant les années 1950, les ouvriers français se retrouvent en première ligne vingt ans plus tard quand s'amorce la déstructuration d'une partie du tissu industriel. Les chiffres, à cet égard, sont révélateurs. Si, dans les années 1960, la part des ouvriers dans la population active, était restée stable, autour de 39-40 %, dès 1985 elle n'est plus que de 31 % et frôle le niveau symbolique du quart (27 %) en 1999. La part de la production industrielle dans la richesse nationale connaît elle aussi une baisse sensible, avec une indéniable « tertiairisation » du PIB : la part des services y passe de 47,4 % à 59,3 % entre le début des années 1960 et le milieu des années 1980.

La baisse de tonus industriel ne se traduit pas pour autant par de simples transferts vers d'autres pôles de l'activité nationale qui seraient devenus plus dynamiques et attractifs. Le chômage s'est encore accru au fil des années 1980 et atteint le seuil des 3 millions de personnes concernées au début de la décennie suivante, dépassant alors la barre symbolique de 10 % de la population active. Cette hausse entraîne des situations de détresse sociale visibles jusque dans les rues et répercutées par les médias, à travers le thème des « nouveaux pauvres ». Si ce thème reflète une situation de chômage fort et de précarisation accélérée, pour autant, à la fin des années 1980, le phénomène paraît encore maîtrisé, grâce aux mécanismes de la solidarité nationale et aux rouages de l'État-providence, les uns et les autres demeurés pour l'heure encore efficaces. Si l'on analyse la « pauvreté absolue » (Serge Mileno), celle-ci avait, tout d'abord, continué à décroître en dépit de la disparition du contexte favorable des Trente Glorieuses : 4 millions de ces pauvres en 1974, 2,6 millions en 1979, 1 million en 1987. Mais une telle tendance apparente ne doit pas occulter deux autres processus alors à l'œuvre. D'une part, cette pauvreté extrême est devenue davantage visible, en dépit de sa diminution statistique, car le type social du pauvre s'est modifié entre-temps : les « petits vieux », aux retraites et pensions infimes, composaient une large partie des poches de pauvreté des années 1960 et 1970 mais leur discrétion ne les rendait guère visibles du plus grand nombre ; en revanche, la nouvelle forme de pauvreté extrême, celle des adultes sans emploi et sans domicile fixe, a augmenté le phénomène de « clochardisation », beaucoup plus visible dans les rues. Si une telle visibilité contribue à augmenter l'angoisse sociale, celle-ci est, d'autre part et surtout, entretenue par d'autres conséquences, moins spectaculaires mais plus massives, du ralentissement de l'activité économique et de la déchirure de ce tissu industriel. Le chômage en fin de droits, le chômage à temps partiel, la vaine recherche d'un premier emploi, les contrats précaires, autant de situations fragilisées qui contrastent avec la période du plein emploi et de l'activité pérenne qui avaient concerné la plupart des salariés des décennies précédentes. Et, bientôt, ce ne sont donc plus seulement les bassins industriels sinistrés qui symbolisent la dureté de la conjoncture socio-économique : le fossé socioculturel que reflétait une partie du vote négatif au traité de Maastricht est perceptible dans bien des régions françaises et la corrélation entre problème de l'insertion et de l'emploi et vote protestataire y est relevée par les observateurs.

III. – Les classes moyennes, à leur tour ?

Pour l'heure, en cette dernière décennie du XXe siècle, la crise de l'emploi industriel paraissait encore, sinon compensée, en tout cas amortie par l'existence de classes moyennes, statistiquement dominantes et, à cette date, politiquement stables.

1. **Le socle de la Ve République.** – Le milieu des années 1970 avait marqué, à cet égard, un tournant symbolique : au recensement de 1975, le secteur tertiaire passe le seuil de 50 % des actifs (51 % plus précisément), contre 34 % en 1946. Avec le recensement de 1931 qui avait vu l'inversion du rapport citadins-ruraux au sein de la population française, nous sommes bien là en face d'une des dates majeures de l'histoire sociale nationale au XXe siècle. Les Trente Glorieuses ont entre-temps profondément remodelé la société française : entre 1946 et 1975, les paysans passent du tiers au dixième de la population active, tandis que les « cols blancs », qui partent aussi du tiers, atteignent la moitié. Bien plus, les classes moyennes en expansion ne sont pas constituées seulement par ce tertiaire proliférant, mais également par une partie de la classe ouvrière – dès le début des années 1960, le sociologue Serge Mallet parlait d'une « nouvelle classe ouvrière » –, tandis que le monde rural connaît lui aussi un début d'intégration de certains de ses membres au sein d'une telle mouvance. La constitution de cette mouvance a été, au bout du compte, une facette essen-

tielle de la métamorphose française : une partie de plus en plus large de la société s'est trouvée peu à peu cimentée par une uniformisation croissante des genres de vie et des comportements collectifs. Le sociologue Henri Mendras commencera, du reste, à développer son analyse d'une « moyennisation » de la société française : au sein de celle-ci, une vaste classe moyenne occupait bientôt les deux tiers de l'espace social et les imprégnait de ses valeurs. Celles-ci, alors fondées sur un sentiment de sécurité et sur une projection sereine dans l'avenir, dessinaient une ligne d'horizon en forme de confiance et de progrès. Ce P du progrès s'ajoutait aux trois autres P qui caractérisaient cette période : paix, prospérité, plein emploi.

Ces catégories intermédiaires et leurs valeurs étaient perçues tout à la fois comme le socle de la société présente et comme le levain de la poursuite d'une évolution harmonieuse et fructueuse. Dans les années 1960 et encore durant la première partie de la décennie suivante, l'intégration dans le monde du travail et, plus largement, l'insertion sociale s'accomplissaient dans une société moins inégalitaire qu'auparavant et où les effets de l'État-providence opéraient progressivement. La configuration sociale globale s'était réellement modifiée en une ou deux décennies et, notamment, à une bipolarité bourgeoisie-prolétariat avait succédé un monde refaçonné par l'extension massive du salariat intermédiaire ainsi que par une revalorisation indéniable des rémunérations des plus modestes et par une mobilité sociale globalement ascendante. À la croisée de ces différents processus, il y eut bien alors l'expansion de ce qu'Alain Touraine appela à l'époque les « nouvelles classes moyennes salariées ». Certes, on mesure la chance sociologique et historique qui fut celle de la nouvelle génération – celle des *baby-boomers* –, qui arriva à la même époque sur le marché du travail : à tous les niveaux de la société, depuis les emplois les plus diplômés jusqu'aux fonctions salariées les plus modestes, l'heure était à l'amélioration de ces différents statuts et le « destin » (Louis Chauvel) de cette génération s'en trouva favorisé. Mais, en fait, ce furent toutes les générations alors en activité qui bénéficièrent d'une telle conjoncture économique, et donc également les aînées.

Les classes moyennes s'en trouvèrent encore davantage étoffées statistiquement et stabilisées socialement. Et la Ve République put y trouver un socle sociologique solide et en extension. Un tel constat n'est pas une reconstitution *a posteriori* par l'historien : les responsables politiques, sur le moment même, commencèrent à intégrer une telle donnée dans leurs analyses. Valéry Giscard d'Estaing, une fois président, fonda son action sur l'idée – développée dans son livre *Démocratie française* (1976) – de l'existence d'un large groupe central, devenu majoritaire. Et le PS bénéficiait à la même époque, lors de sa montée en puissance, de l'adhésion ou de la sympathie électorale d'une partie de ces classes moyennes.

2. **Le coup de semonce de 1992.** – Cela étant, si les années 1970 constituent le moment où ces dernières occupent effectivement le cœur de la configuration sociologique et le devant de la scène politique, leur conjoncture économique connaît ensuite une inflexion telle que ces « nouvelles classes moyennes salariées » allaient bientôt entrer à leur tour dans une phase de déstabilisation puis de déchirure de leur tissu conjonctif. Certes le processus n'est pas encore visible au

début des années 1990 mais la Ve République, qui avait bénéficié d'une double digue face à la marée montante du dérèglement économique, se trouve déjà dans une situation fragilisée. La première digue, en effet, constituée par le maintien grâce à l'État-providence des couches populaires, précocement touchées, dans l'écosystème, a été rompue. À bien y regarder, du reste, la notion de « fracture sociale », popularisée par la campagne électorale de Jacques Chirac et également validée par sa victoire, concerne, on l'a vu, en premier lieu cette cassure, qui semble placer, à cette date, une partie des couches populaires en difficulté par rapport au reste du corps social. Trois ans plus tôt, dès le référendum du 20 septembre 1992 à propos du traité européen de Maastricht, une telle coupure socioculturelle avait, du reste, été relevée. Et les résultats de ce référendum sonnaient déjà comme un coup de semonce pour la Ve République : un peu plus de 13 millions de Français avaient voté « oui », plus de 12,5 millions s'étaient prononcés pour le « non » et près de 12 millions s'étaient abstenus.

Cette partition en trois tiers rappelait les conditions de naissance de la IVe République, quarante-six ans plus tôt : au référendum fondateur de 1946, ce régime au destin d'étoile filante n'avait été ratifié que par un peu plus du tiers des électeurs inscrits, du fait d'une forte abstention et d'une faible majorité de suffrages exprimés. Certes, sur la naissance du régime suivant n'avaient pas pesé les mêmes hypothèques, mais, après trente-quatre ans d'existence, et sans bien sûr que le référendum sur Maastricht soit comparable au référendum fondateur de la IVe République, la Ve République semblait pour la première fois, en 1992, présenter des fêlures : la France du « non » récusait massivement un traité explicitement soutenu par la plus grande partie de la classe politique, droite et gauche parlementaires confondues. Le vote protestataire ne constituait pas encore un déni de légitimité, mais déjà un déficit de soutien.

Tant qu'un tel déficit, en 1992 comme en 1995, ne provenait que des couches populaires, il était certes déjà préoccupant mais il ne concernait pas encore, globalement, le groupe central des classes moyennes, statistiquement dominant. Le coup de semonce avait retenti, mais la Ve République conservait pour l'heure apparemment intacte cette seconde digue des classes moyennes.

Chapitre V

L'HEURE DES COMPTES (1995-2007) ?

Le premier mandat présidentiel de Jacques Chirac, entre 1995 et 2002, présente une sorte de condensé des dérèglements déjà observés au cours des années précédentes, mais prenant alors, de surcroît, une amplitude au carré. Plusieurs dates constituent autant de jalons de cette poursuite de la dégradation. 1995 : l'impossible réforme, dans une France qui n'a accordé que quelques mois de véritable soutien au nouveau président. 1997 : le pays entre dans une troisième cohabitation, plus longue à elle seule que les deux précédentes réunies. 2002 : le coup de tonnerre des résultats du premier tour résonne dans un pays où 31 % des électeurs inscrits ne se sont pas rendus au bureau de vote et dans lequel les deux candidats représentant la droite et la gauche parlementaires, de surcroît président sortant et Premier ministre en exercice, Jacques Chirac et Lionel Jospin, n'obtiennent à eux deux qu'à peine un peu plus du tiers des suffrages exprimés (36,05 % précisément).

I. – Le paradoxe de la Ve République

La victoire de Jacques Chirac en 1995 vient couronner une ambition déjà ancienne : après deux tentatives en 1981 et 1988, le nouveau président accède ainsi à la magistrature suprême quatorze ans après sa première candidature. Une telle ambition et son déploiement dans le temps rappellent ceux de François Mitterrand, lui aussi élu à son troisième essai, seize ans après avoir été le concurrent du général de Gaulle au second tour de l'élection présidentielle de 1965. Dans les deux cas, à droite comme à gauche, une telle ambition personnelle, même gagnante à terme, a contribué à freiner les relèves de générations. Hormis Valéry Giscard d'Estaing, jusqu'en 2002 inclus aucun candidat ne deviendra Président avant l'âge de 58 ans (Georges Pompidou en 1969) : François Mitterrand est élu à 65 ans, le général de Gaulle l'avait été à 68 ans et Jacques Chirac a 63 ans en 1995. Si l'on ajoute que les deux derniers présidents à cette date ont exercé deux mandats et ont occupé le pouvoir vingt-six ans à eux deux, on mesure à quel point de telles relèves, durant un quart de siècle, ont été en fait quasiment impossibles. Si la nomination en 1995 d'un Premier ministre, Alain Juppé, né en 1946 apparaît comme l'amorce, au stade inférieur de la dyarchie républicaine, d'un renouvellement, comme l'avait été en 1984 la nomination de Laurent Fabius à Matignon, ces *baby-boomers* seront déjà presque trop âgés douze ans plus tard, quand viendra le temps des relèves. Avec Nicolas Sarkozy et Ségolène Royal, c'est déjà une classe d'âge légèrement plus jeune qui briguera la présidence en 2007. La Ve République n'a donc pas vraiment permis, durant plusieurs décennies, une réelle capillarité générationnelle au sein de son personnel politique.

1. **Promesses et contraintes.** – Pour l'heure, en 1995, Jacques Chirac se retrouve dans une situa-

tion paradoxale. Certes, son ambition se réalise et, de surcroît, les néo-gaullistes reviennent au pouvoir dix-neuf années après la création en 1976 du RPR, machine de reconquête qui était déjà parvenue sur l'avant-dernière marche à deux reprises, en 1986 et 1993, dans le contexte il est vrai très complexe d'une cohabitation avec un président socialiste. Mais ce double succès de 1995 sera, d'une certaine façon, une victoire à la Pyrrhus : Jacques Chirac sera vite rattrapé par la « fracture sociale », qui avait pourtant constitué pour lui une sorte de tremplin. Sa posture de candidat contre le pouvoir en place incarné par François Mitterrand et Édouard Balladur et cette thématique de la « fracture sociale » avaient, de fait, favorisé son succès. Mais, une fois élu, le nouveau président se trouve tiraillé entre ses promesses de campagne et les impératifs et contraintes découlant de la situation française à cette date : le poids de la dette de l'État, considérable, limite d'autant plus sa marge de manœuvre et celle de son Premier ministre que les critères fixés par le traité de Maastricht sont loin d'être atteints et que leur respect est indispensable à la mise en place de l'euro. Bien plus, la situation de la Sécurité sociale tout comme la question des retraites imposent des mesures rapides et, plus profondément, des réformes.

La Ve République, à nouveau, se trouve ainsi confrontée à un problème majeur, récurrent depuis 1958 mais rendu encore plus complexe par l'apparition de la crise : comment accompagner la grande mutation française ? En d'autres termes, ce sont les questions de la réforme et du consensus – ou pas – à son propos qui sont ici posées. La « nouvelle société » de Jacques Chaban-Delmas, le « changement » de Valéry Giscard d'Estaing, le « socle du changement » de François

Mitterrand et Pierre Mauroy avaient été autant de tentatives, parmi d'autres, pour réformer le pays. De telles tentatives, parfois suivies d'effets, parfois avortées, étaient devenues de plus en plus difficiles à mettre en œuvre à mesure que la crise s'étendait : situation en fait paradoxale, puisque la crise appelait *de facto* des réformes pour être, sinon maîtrisée, en tout cas canalisée.

La Ve République, un régime bientôt devenu celui de l'impossible réforme ? La France, une communauté nationale rétive à des évolutions concertées ? La société française, un milieu en proie à des blocages catégoriels et à des inquiétudes paralysantes ? Ces questions, progressivement, sont devenues des *topoi* de l'analyse sociologique ou de l'observation politologique. L'historien se contentera ici d'observer que, depuis 1974 et 1981 – et, dans ces deux cas, sur une période somme toute très brève –, il n'y avait plus eu, durant la quinzaine d'années qui suivit, de trains de réformes mis en œuvre par la droite ou par la gauche. C'est bien le mot train qui compte ici : entre 1982 et 1995, il y eut assurément des réformes importantes, parfois décisives dans un domaine donné, mais, précisément, demeurées cantonnées à ce domaine. En d'autres termes, le temps des vagues de réformes structurelles semblait être passé. Et ce d'autant que ces réformes récentes – et même, à bien des égards, celles intervenues en 1974 et 1981 – créaient ou rajoutaient des droits, et donc ne s'étaient pas trouvées confrontées, le plus souvent, à la réticence ou à l'hostilité de l'opinion publique.

À l'automne 1995, le gouvernement d'Alain Juppé engagea un train de réformes dans des secteurs aussi délicats que la Sécurité sociale ou certains régimes de retraite. L'impopularité fut immédiate pour le Premier ministre et, à partir de la fin novembre, de grandes grèves paralysèrent le pays pendant plusieurs semaines. Le gouvernement céda bientôt et se retrouva avec une marge de manœuvre encore plus étroite qu'auparavant. Dès lors, l'idée s'insinua, notamment parmi les conseillers les plus écoutés du Président, que la poursuite de la hausse du chômage et le maintien de contraintes européennes fortes ne pouvaient que s'aggraver au fil des années suivantes, exposant la majorité à un échec aux élections législatives prévues pour le printemps 1998. Pour cette raison, Jacques Chirac, qui n'avait pas éprouvé en 1995 la nécessité de dissoudre l'Assemblée nationale élue en 1993, forte de près de 500 députés du RPR et de l'UDF, annonce une telle dissolution le 21 avril 1997 et, de ce fait, des élections législatives ont lieu les 25 mai et 1er juin.

2. **Le vote surprise de 1997.** – La campagne, dans ces conditions, a été brève, et à fronts renversés. La majorité sortante, qui venait de bénéficier d'une embellie de popularité après une année 1996 morose, donne l'impression de vouloir se conforter avant que surgissent de nouvelles difficultés. En même temps, son premier objectif, celui de faire réélire le plus possible de ses nombreux sortants, ne pousse guère à l'innovation. Quant à la gauche, encore très affaiblie par la lourde défaite du PS en 1993, elle doit résoudre un problème majeur : le constant recul des positions électorales du PCF depuis 1981 a rendu caduque la formule de la « gauche unie », qui renvoyait à l'époque du condominium PC-PS dans les années 1970. Apparaît, dès lors, le concept de « gauche plurielle », qui intègre également les Verts mais rend complexe la mise au point d'une plate-forme électorale commune.

En dépit du caractère largement inachevé de celle-ci, et au terme d'une campagne confuse, la majorité sortante est largement en recul au soir du premier tour : 36 % seulement des suffrages exprimés se reportent sur elle, tandis que la « gauche plurielle » en rassemble 42 %. Bien plus, le Front national renoue avec les bons résultats de son leader à l'élection présidentielle de 1995 et se retrouve en position d'arbitre dans de nombreuses circonscriptions. Les élections triangulaires qui s'y déroulent la semaine suivante constituent d'ailleurs un élément important de la défaite finale de la droite au soir de second tour. Cette victoire, à laquelle la gauche n'osait rêver quelques mois plus tôt, confirme, à bien des égards, le théorème politique qui s'était progressivement établi à partir de 1978 : aucune force politique au pouvoir n'avait pu, depuis cette date, se succéder à elle-même lors de l'élection nationale suivante. Même l'élection présidentielle de 1995 n'avait pas semblé inverser la tendance, tant Jacques Chirac avait adopté à cette date une posture d'opposant au Premier ministre sortant, Édouard Balladur. Cette victoire surprise – en tout cas pour les perdants – rappelle les alternances de 1986 et 1993, sauf que celle-ci étaient survenues au bout de cinq années : en 1997, l'usure est manifeste à peine deux ans après l'élection de Jacques Chirac. De surcroît, le maintien du Front national en position électorale haute et le niveau de l'abstention demeuré élevé montrent que la crise de la représentation est toujours présente.

3. **Mots de la Constitution, maux du pays ?** – La période suivante, une cohabitation longue de cinq années, ne contribuera pas à la dissiper. À nouveau, en effet, le paradoxe de la Ve République est ici patent :

ses institutions, apparemment, permettent de gérer la situation de double légitimité issue des élections législatives du printemps 1997, et en même temps elles s'en trouvent affaiblies en profondeur. Le président de la République a reçu l'onction du peuple souverain deux ans plus tôt, et nul ne songe à la lui contester, mais ces élections ont dessiné une majorité parlementaire de couleur politique opposée et Jacques Chirac nomme, de ce fait, son ancien concurrent de 1995, le Premier secrétaire du PS Lionel Jospin, Premier ministre. Le fait qu'une telle situation survienne cette fois-ci beaucoup plus tôt dans le cours du septennat introduit une différence avec les deux précédents épisodes du même type. L'onde de choc sur la présidence de la République apparaît, sur le moment, de plus forte amplitude qu'auparavant, d'autant que, sauf nouvelle dissolution – mais qui paraît bien difficile à envisager politiquement, même si les textes, passé un certain délai, l'autorisent constitutionnellement –, cette nouvelle phase de cohabitation est appelée à durer cinq ans. Le paradoxe réside dans l'apparente facilité à gérer une telle situation mais aussi sur les effets indirects, moins visibles, que celle-ci engendre. L'opinion, qui n'est a priori ni hostile ou rétive, s'installe bientôt dans une réelle perplexité, aux multiples facettes. L'extrême droite dénonce la connivence droite-gauche qu'elle croit percevoir dans une telle situation, et cette analyse nourrit encore davantage la crise de la représentation politique. Inversement, la droite et la gauche se raidissent dans leur dénonciation mutuelle : l'autre camp est suspecté de saboter l'effort de redressement national, que la poursuite de la crise rend indispensable. Dans la mesure où la durée de la cohabitation paraît retirer à celle-ci son caractère exceptionnel, les effets pervers ainsi dénoncés – même s'ils sont contradictoires – sont parfois portés au débit de la Ve République elle-même. Celle-ci favoriserait l'inertie, au moment où le pays aurait besoin de réformes profondes, dont l'urgence est encore accrue par l'aggravation de sa situation générale. Ce moment est, du reste, celui où apparaît, sous plusieurs plumes, le thème de la « VIe République ». Même si un tel thème ne revêt pas toujours la même signification, le fait est révélateur : commence à s'opérer dans certains esprits, en cette fin de siècle, une sorte d'inversion. La Ve République qui, jusque-là, avait rimé, aux yeux du plus grand nombre, avec les mots modernisation et efficacité, connaît un déficit tout à la fois sémantique et politique. Ce n'est plus seulement l'extrême droite qui la taxe d'impuissance, c'est une partie de la classe politique et des observateurs qui, désormais, non seulement doute de sa capacité à diagnostiquer et à guérir mais de surcroît s'interroge sur sa responsabilité éventuelle dans la progression de la crise de la communauté nationale : les mots de la Constitution seraient peut-être responsables, au moins partiellement, des maux du pays. Là se situe bien le paradoxe d'un régime qui, tout à la fois, gère ses alternances dans des cohabitations qui semblent préserver l'essentiel et commence à perdre le capital de confiance accumulé durant ses premières décennies d'existence.

Bien plus, une usure se fait progressivement jour, dont les symptômes, pour être multiples, n'en sont pas moins convergents. D'une part, après les « affaires » survenues au cours du second septennat mitterrandien, c'est au tour de la droite d'être confrontée à ce type de situation, avec un président de la République inquiété latéralement – puisque son immunité le protège – par des instructions judiciaires en cours portant sur la période où il était maire de Paris. D'autre part, à droite comme à gauche, les partis de gouvernement peinent à fédérer leur propre camp. La droite parlementaire est affaiblie par ses contre-performances électorales qui se poursuivent après l'échec de 1997 – élections régionales de 1998, européennes de 1999 – et en, son sein, les relations restent complexes entre le RPR et l'UDF. Quant à la gauche, si les premières mesures du gouvernement Jospin sont d'abord populaires – durée légale du travail hebdomadaire ramenée à 35 heures, création de plusieurs centaines de milliers d'« emplois-jeunes » –, des divergences apparaissent rapidement au sein de la « gauche plurielle », qui limitent la marge de manœuvre de ce gouvernement. De surcroît, se profile bientôt à l'horizon l'échéance présidentielle de 2002 et la vie politique semble devenir la chronique d'un duel annoncé, celui de Jacques Chirac et Lionel Jospin au deuxième tour de la future élection. Dès lors, commence une sorte de phase de temps politique suspendu, où les camps en présence s'observent et se neutralisent mutuellement, ce qui rajoute à l'impression d'immobilisme et d'impuissance, que tisonnent les partis extrémistes ou protestataires.

Entre temps, il est vrai, le régime a connu une tentative d'amendement. Pour essayer de réguler les flux de constitution des majorités présidentielles et parlementaires en alignant, autant que faire se peut, les calendriers des élections présidentielles et législatives, une consultation référendaire a lieu le 24 septembre 2000 sur la réduction du mandat présidentiel à cinq ans. Mais, là encore, une situation paradoxale découle de l'initiative. Alors que celle-ci porte sur un point en fait essentiel – l'instauration du quinquennat induit, en effet, toute une réaction en chaîne institutionnelle –, la campagne ne suscite guère d'intérêt : certes, 73 % des suffrages exprimés se prononcent en faveur d'une telle réduction, mais l'abstention a atteint 70 % du corps électoral. Le passage au quinquennat interrompait pourtant une tradition qui remontait à 1875, au moment du vote des lois constitutionnelles de la IIIe République. Bien plus, sur le court terme, le principe même de cette réduction à cinq ans touchait au cœur du dispositif et méritait, de ce fait, un très long débat. Si celui-ci eut lieu entre quelques observateurs, la presse décréta presque unanimement la nécessité de la réforme, et, par une sorte d'effet pervers, parut dessaisir le peuple souverain de ses prérogatives et de son pouvoir de trancher. Le résultat en fut cette désaffection et le premier amendement politique majeur depuis 1962 s'opéra dans une indifférence qui augurait mal de la suite. Un an et demi plus tard, le premier tour de l'élection présidentielle allait, d'une certaine façon, jouer le rôle de fusée éclairante, dévoilant une situation politique encore davantage dégradée.

II. – Le syndrome de 2002

Le score de Jean-Marie Le Pen le 21 avril retentit comme un coup de tonnerre. Si, tout bien pesé, sa présence au second tour s'est opérée aussi par défaut, en raison du résultat historiquement très bas (16,17 %) obtenu par le candidat socialiste, et si sa progression en chiffres absolus était faible par rapport aux voix qu'il avait déjà rassemblées sur son nom en 1995, l'effet de surprise provint notamment du contraste entre les 4,8 millions de suffrages réunis ce jour-là et la situation apparemment en repli du Front national au cours des années précédentes, en raison du départ du numéro deux du parti, Bruno Mégret, et de ses partisans. Cette scission et des résultats médiocres à quelques élections intermédiaires avaient conduit à conclure au déclin du FN, qui semblait être devenu une sorte de butte témoin dans le paysage politique, vestige des moments de force politique de l'extrême droite, que beaucoup disaient alors promise à une érosion inéluctable. Or, dans un contexte d'abstention élevée et de candidatures dispersées, la butte témoin présumée s'était révélée être un môle impressionnant de près de 5 millions de voix, plaçant le FN en surplomb et le catapultant à la deuxième place et donc au second tour.

1. **Populisme et classes populaires.** – 2002 marquait indéniablement une réactivation du parti de Jean-Marie Le Pen. Après plusieurs années d'embellie économique et en dépit de l'amorce d'un recul du chômage, la crise, en fait, était toujours là et elle constitua alors le terreau de la rencontre, électoralement réussie, d'un leader populiste et d'une partie des classes populaires. Celles-ci avaient continué à être en première ligne de la fracture sociale, que l'embellie passagère n'avait pas réduite. Surtout, elles avaient été, semble-t-il, particulièrement sensibles au thème de l'insécurité. Certes, une polémique enfla, par la suite, à propos de cette insécurité : constituait-elle une réalité objective ou était-elle amplifiée par une perception déformante et manipulée par certains leaders politiques ? Un fait demeure : cette insécurité, réelle ou supposée, a été souvent placée dans les enquêtes de sortie des urnes – qui permettent de mettre en corrélation le vote avec ses motivations – devant le chômage.

Il y avait bien là le symptôme d'un déficit de la représentation politique qui s'était encore aggravé depuis 1995. La sécurité des biens et des personnes est, en effet, la fonction régalienne la plus directement perceptible par une population, bien davantage encore que la défense du territoire – en tout cas, quand celui-ci n'est pas directement menacé – ou même la justice. Quand cette sécurité ne semble plus assurée, c'est l'autorité de l'État qui est atteinte : celui-ci paraît impuissant et, pis encore, inattentif. Les couches populaires touchées par la crise ne se ressentent plus seulement, dans un tel contexte, comme les soutiers d'une économie chancelante mais aussi comme les oubliés d'une puissance publique devenue distraite ou abstraite. Dans un pays qui restait, en ce début de XXIe siècle, l'un des plus riches du monde, s'exprimait à l'occasion de l'élection présidentielle une forme de souffrance : celle du sentiment d'exclusion de l'aire de protection de la puissance publique. À tort ou à raison, une partie de la population française ne s'estimait plus alors suffisamment protégée par celle-ci. Or, dans la culture politique nationale, la République rassemble, protège et rassure tout à la fois.

Face à un tel déficit politique, le populisme a la partie belle. La vie politique au sein d'une démocratie libérale étant la gestion et la concurrence des possibles, il se situe pour sa part dans une autre logique, celle de l'incantation. Et peut ainsi apparaître, dans les moments de crise, comme une solution alternative aux yeux de certains électeurs. Mais, le vote du 21 avril 2002 n'a pas été seulement un réel ébranlement en raison de cette poussée populiste. Il a confirmé plus largement une aggravation, à cette date, de la crise de la représentation politique qui s'était enclenchée dans les années 1980 et amplifiée au cours de la décennie suivante. En une vingtaine d'année, le pays était passé d'une situation où les trois quarts des électeurs inscrits votaient encore pour les partis de gouvernement à une nouvelle configuration où, si l'on totalise abstentions et suffrages pour l'extrême droite ou pour l'extrême gauche, plus de la moitié de l'électorat s'est abstenue ou a voté pour des candidats qui se plaçaient en dehors du système politique et qui, le plus souvent, le rejetaient.

2. **Les nouveaux enjeux.** – Le 21 avril 2002, à cet égard, n'était pas réductible à la percée, en partie conjoncturelle, de Jean-Marie Le Pen. Il y a bien, à cette date, un syndrome français. Entendons par un tel terme des symptômes convergents – dont le sentiment d'insécurité n'était qu'un des aspects – qui reflètent une crise profonde, elle-même liée à un ensemble de modifications de l'écosystème national. Ces symptômes reflètent autant d'enjeux nouveaux, au sens étymologique du mot : ce qui est en jeu à un moment donné de l'existence d'une communauté nationale.

Le changement de nature de certains de ces enjeux entre la phase de naissance de la Ve République et son entrée dans la cinquantaine trouve ainsi une illustration presque caricaturale dans la question de l'habitat et ses retombées politiques. Le retard accumulé en ce domaine durant la première décennie des Trente Glorieuses – que refléta, par exemple, l'appel de l'abbé Pierre en 1954 – avait conduit à la mise en œuvre, durant la deuxième décennie, d'un vaste programme de rattrapage. Les projets d'urbanisme, le plus souvent à la périphérie des grandes villes, débouchèrent sur une utilisation du sol particulièrement dense mais dans un premier temps perçue favorablement : les « grands ensembles » facilitèrent l'absorption dans le tissu urbain d'une population grossie par l'exode rural et ils marquèrent d'abord, pour leurs habitants, un indéniable progrès de confort et d'hygiène. Mais leurs inconvénients surgirent rapidement : la « ville-dortoir » engendrait dépaysement, ennui et dépression. Cela étant, la troisième décennie des Trente Glorieuses, avec sa hausse du niveau de vie et l'amélioration générale de la vie quotidienne induite, amortit ces premiers effets et en différa la prise de conscience, et c'est en fait avec le déclenchement de la crise à partir du milieu des années 1970 que ce problème des « grands ensembles » non seulement resurgit mais prit rapidement une ampleur inconnue jusque-là.

Cette concomitance avec l'extension de la crise s'explique par plusieurs facteurs convergents. D'une part, de fait, le mal-vivre initial avait été anesthésié par les effets euphorisants de la croissance conquérante des années 1960 et du début de la décennie suivante. Mais, d'autre part, un tel mal-vivre resurgit ensuite avec d'autant plus d'acuité que, entre-temps, les immeubles s'étaient bien souvent dégradés et que, de surcroît, ses résidents furent rapidement et lourdement touchés par la hausse brutale du chômage. Une telle hausse fut encore aggravée par le changement de sociologie des lieux qui était intervenu entre-temps : l'accès à la propriété, au cours des années 1960 notamment, des premiers habitants et leur départ des « barres » et des « tours » laissèrent souvent celles-ci, au cours de la décennie suivante, à des travailleurs immigrés que les processus de regroupement familial commençaient à nantir de femmes et d'enfants. Dans ces quartiers aménagés quinze ou vingt ans plus tôt, les difficultés d'intégration de la seconde génération d'immigrés constituèrent bientôt, avec le chômage grandissant de la première, l'un des indices les plus visibles de la progression de la crise sociale. Les affrontements récurrents, au début des années 1980, dans le quartier des Minguettes à Vénissieux entre adolescents et policiers furent notamment le premier symptôme médiatique – car fortement amplifié par la presse audiovisuelle – de l'apparition de nouvelles formes de pathologie sociale et la crise de l'habitat en fut à la fois le creuset et le symbole : le mot banlieue quittait progressivement la rubrique de l'aménagement du territoire pour celle du maintien de l'ordre. Si, jusqu'ici, les problèmes prioritaires avaient été avant tout ceux de transport et de vie quotidienne des banlieusards contraints à de classiques mouvements pendulaires entre leur domicile et leur lieu de travail, les mots de « cités », de « quartiers », de « jeunes » allaient désormais y constituer un mélange sémantique détonant, dont la classe politique eut progressivement à se saisir. Et s'enclenchait aussi dès ce moment un morcellement culturel, qui, là encore, deviendrait vite un enjeu politique. Dans un tissu social en train de se déchirer sous les effets de la crise, le milieu urbain ne risquait-il pas de devenir un agrégat de « cités » désunies ? La question est d'autant plus essentielle que ce milieu urbain représentait désormais la plus grande partie de la France.

3. **Démocratie d'opinion, démocratie du public.** – Cette France, au même moment, commençait à ressentir les premiers effets de la globalisation. Celle-ci n'est pas seulement une source d'inquiétude et, dans certains cas, de déstabilisation professionnelle. Elle a

également des conséquences socioculturelles, avec notamment la constitution d'une culture-monde : depuis les années 1960, la planète s'est peu à peu muée en un vaste parvis où, par l'image relayée et le son amplifié, l'ailleurs parvient directement à domicile. Et notamment la violence de certains événements, naturels ou politiques : le malheur du monde s'agrège à la culture-monde, les catastrophes naturelles mais aussi celles déchaînées par les hommes étant désormais relayées et exposées sur ce parvis. Si un tel constat ne concerne apparemment pas la Ve République, structure institutionnelle endogène, il contribue, en fait, à accroître les phénomènes d'inquiétude sociale et d'angoisses collectives, dont nous avons déjà constaté les effets déstabilisateurs. Les images relayées en boucle réactivent des peurs ancestrales, touchant notamment à la santé et aux épidémies, et engendrent des palpitations qui nourrissent parfois l'irrationnel et déstabilisent le politique. Non seulement les dirigeants d'une grande démocratie libérale ne sont pas des rois thaumaturges, mais ils apparaissent impuissants face aux incartades de la nature, perdant encore un peu plus de magie face à l'opinion. Dès les années 1980, les procès instruits en France contre certains responsables politiques au moment de la propagation du Sida et surtout leur écho dans la presse montreront, par-delà d'éventuelles fautes alors commises, l'ampleur de ce décrochage psycho-politique. Le principe de précaution qui bientôt émergea refléta le fait que la Ve République, dès ce moment, avait désormais à gérer une société de plus en plus inquiète, et menacée par des bouffées irrationnelles.

Cette culture-monde et ses effets nationaux confirment que les caméras de télévision ont bien acquis à cette date un pouvoir et une capacité de *faire,* au sens propre, l'événement. Créent-elles pour autant du lien social et constituent-elles une sorte d'agora où le débat de la Cité gagnerait en clarté et la démocratie – et donc la Ve République – en cohésion ? Le maillage dense des images et des sons apporte-t-il un réel supplément de sens ? Ou, au contraire, le bain anthropologique qu'est alors devenue la culture de masse a-t-il des effets pervers sur le principe de la représentation politique ? Y aurait-il même, de ce fait, l'amorce d'une sorte de mutation des démocraties libérales ? Celles-ci ne seraient-elles pas en train de devenir des « démocraties d'opinion » ou « démocraties du public » (Bernard Manin) – termes forgés par les sciences sociales, et notamment la science politique, confrontées à ces changements en temps réel. Si, faute de recul, la discipline historique peut difficilement proposer une analyse globale d'un processus complexe et multiforme, le développement actuel d'une histoire culturelle du politique et les acquis de l'histoire du temps présent permettent toutefois d'établir un constat empirique : l'examen raisonné et la concurrence des possibles, qui sont au cœur de l'identité et du fonctionnement des démocraties libérales, risquent d'être parasités par les palpitations successives d'opinions publiques plongées dans ce bain anthropologique télévisé et ballottés par ses houles.

Le résultat en est, presque mécaniquement, une société plus nerveuse et un fonctionnement de la représentation politique moins serein. L'expression des dissensus et la gestion de cette concurrence des possibles se sont longtemps faites sur d'autres agoras que la scène médiatique : le préau d'école, la tribune parlementaire ou, sur un autre registre, l'imprimé étaient les lieux traditionnels tout à la fois de diffusion et de réception politiques. Ils permettaient de convaincre et de clarifier, réunissant ainsi les deux conditions nécessaires pour obtenir non seulement une adhésion mais aussi un soutien durable. Tant il est vrai que le pouvoir, « s'il renonce à s'imposer par la force, passe par les circuits du langage » (Jean Starobinski). Or, les grandes émotions médiatiques, engendrées par la prolifération des médias, court-circuitent désormais les formes classique du « langage » politique. Il faut notamment faire court pour faire mouche et cette suprématie du lapidaire favorise le *pathos,* qui privilégie l'émotion, par rapport au *logos,* analyse raisonnée et expression raisonnable des problèmes collectifs posés à un groupe humain et fondement de la démocratie. Les processus de représentation politique sont là pour permettre au citoyen, auquel sont proposées plusieurs interprétations et solutions subséquentes de ces problèmes, d'arbitrer entre ces diverses conceptions. La règle et le consentement, le conflit et sa résolution, tout, en fait, est longtemps passé par ce choc organisé des *logoi,* cette opposition explicite entre discours construits. L'affaiblissement progressif de ceux-ci a donc contribué à faire apparaître ce cas de figure jusque-là inédit dans les Républiques successives : non pas le citoyen s'érigeant contre les pouvoirs, mais la société partiellement atomisée se plaçant en extériorité par rapport à eux et aux discours qui les fondent, les légitiment et les identifient.

III. – Un moment 2007 ?

Cette atomisation est réelle. Car la question des médias n'est pas seulement à examiner sous l'angle de ses effets immédiats. En toile de fond, c'est une culture de masse fondée sur l'image et le son qui s'est progressivement inséminée dans le tissu conjonctif de la société française et qui, progressivement, a eu des effets induits sur ce tissu lui-même. Cette prolifération de la communication, en effet, ne pouvait qu'avoir des retombées sur les solidarités et sur le lien social. Les solidarités proches allaient se trouver progressivement amoindries, au profit de solidarités davantage dilatées dans l'espace : l'individu s'en retrouve à la fois plus isolé par rapport à cet environnement proche, qui était jusqu'ici le cœur de ce lien social, et davantage tributaire de ces nouveaux entourages, réels ou virtuels, que tissent ces formes de communication à distance. Une telle évolution est elle-même la matrice d'une mutation essentielle de la société française : celle-ci est à la fois plus uniforme, du fait de la standardisation socioculturelle en cours, et moins solidaire, du fait de ces proximités en partie disloquées.

1. **Une faiblesse structurelle ?** – Cette société est d'autant moins à l'abri de cette mise en extériorité du politique que la grande mutation française, on l'a déjà souligné, y a entraîné une évolution profonde des normes et des valeurs. Dès les années 1960 s'était ainsi amorcée une « crise des régulations traditionnelles » (Michel Crozier) : un certain nombre d'institutions de nature très diverses – l'Église, les syndicats, les associations et, sur un autre registre, la famille – qui jouaient, en dehors de leurs fonctions propres, un rôle de dépositaires ou de gardiennes de ces normes et valeurs et qui, de ce fait, interféraient directement ou indirectement dans de telles régulations, se retrouvent ébranlées et bientôt en décalage. En effet, dans cette

France enrichie et urbanisée qui avait succédé brusquement – tout au moins à l'échelle de l'Histoire – à une France d'économie contrastée et de soubassement rural, ce n'est pas seulement la stratification sociale qui change ou le mode de vie qui est bouleversé, ce sont bientôt les normes qui se retrouvent au cœur de la grande métamorphose. La frugalité et la prévoyance, par exemple, qui étaient restées jusque-là des vertus cardinales et des valeurs fédératives dans une société où les aléas de l'existence – la mort brutale, la maladie grave, l'accident invalidant – pouvaient créer des désastres familiaux irrémédiables, se retrouvent progressivement en décalage, dans une société de plein emploi et de solidarité nationale par l'assurance maladie et les transferts sociaux. Le desserrement des contraintes socio-économiques a des conséquences de plus en plus perceptibles dans les comportements collectifs. À la frugalité dans la consommation et au souci lancinant de prévoyance viennent progressivement se substituer des normes implicites ou explicites qui rompent avec ce passé : ainsi, grâce au crédit, la satisfaction immédiate des besoins et des aspirations plutôt que leur report. D'une façon plus générale, commencent alors à pointer tout à la fois des attitudes nouvelles face à l'autorité – et donc aux institutions qui l'incarnent et l'assurent – et d'autres comportements face aux traditions et aux interdits.

Une telle distorsion croissante des normes et des valeurs était donc induite presque mécaniquement par un décalage chaque jour plus fort entre celles-ci, héritées de la France d'avant – au sens où Stefan Zweig parlait du « monde d'hier » en évoquant l'Europe d'avant le grand ébranlement de 1914-1918 –, et la société née des Trente Glorieuses. De cette distorsion découlèrent de réels blocages, que Mai 68 tout à la fois rendit plus visibles et amplifia. La résolution de certains de ces blocages au cours de la décennie qui suivit montra une indéniable capacité de la société française à absorber l'onde de choc et la Ve République, on l'a vu, en sortit encore davantage renforcée : elle semblait avoir ainsi confirmé son aptitude à gérer la grande métamorphose française. En même temps, et paradoxalement, cette indéniable réussite plaçait indirectement dans le code génétique de ce jeune régime, auquel pour l'instant tout semblait réussir, une sorte de faiblesse structurelle, qui se manifesterait plusieurs décennies plus tard.

Au temps de la croissance forte et durable, en effet, c'est bien le desserrement des contraintes économiques qui favorisa et accéléra celui des contrôles sociaux : dans la France enrichie des années 1960 et encore d'une partie de la décennie suivante, où la sécurité des situations et la pérennité des statuts paraissaient solidement établies pour le plus grand nombre, les normes et les valeurs de la période précédente, issues d'une civilisation de relative pénurie économique et d'insécurité sociale, ont semblé progressivement perdre leur raison d'être. Mais ce rapport de causalité apparent entre cette croissance économique conquérante et une telle mutation socioculturelle induisait une question décisive, devenue peu à peu d'actualité à mesure que les Trente Glorieuses s'éloignaient et devenaient seulement une sorte d'image rétinienne dans le souvenir des générations qui les vécurent : quels pouvaient être les points d'ancrage – et de stabilité historique – de ces nouveaux comportements et de ces nouvelles valeurs dans une France installée à partir des années 1980 dans une crise devenue durable à cette date et atteinte profondément, de ce fait, dans son tissu social ? Points d'ancrage, valeurs, stabilité, crise, atteinte du tissu social : ce sont bien les ingrédients de tout un écosystème sociopolitique qui sont ici concernés. Et, de ce fait, la métaphore du syndrome trouve ici sa justification.

2. **2007, comme miroir.** – Cinq années après, au moment de l'élection présidentielle de 2007, ce syndrome a-t-il disparu ? L'historien, le point a été souligné dès l'introduction, a besoin d'un certain recul pour dégager les lignes de force d'une situation, distinguer l'essentiel de l'accessoire et percevoir ce qui, au moment étudié, relève de la continuité ou préfigure des évolutions. Il lui est donc difficile, par essence, de faire l'état des lieux d'une configuration qui lui est directement contemporaine. Pour autant, une mise en perspective pluridécennale permet de replacer cette configuration dans des jeux de temporalités qui lui confèrent une certaine intelligibilité.

Cette mise en perspective débouche sur un constat : pour la Ve République, l'heure des comptes a sonné. Non pas seulement en raison du passage du cap de la cinquantaine, même si celui-ci dépasse, comme le terme syndrome, le statut de métaphore anthropomorphique : pour des raisons qui ont été analysées, et qui sont notamment de nature générationnelle, il y a bien là, dans le métabolisme d'un régime politique, un moment tournant qui ne renvoie pas à un millésime précis mais identifie une zone chronologique à partir de laquelle les conditions d'apparition de ce régime ne pèsent plus directement sur ce métabolisme. En fait, l'importance historique, pour la Ve République, de cette première décennie du siècle tient aussi à la nature du syndrome : celui-ci est le fruit d'un décalage croissant entre les différentes composantes de l'écosystème quinto-républicain. La question de leur remise en adéquation se pose donc avec acuité.

À cet égard, l'étude de la campagne présidentielle de 2007 fournit-elle des éléments de réponse ? On observera que, avant cette date, le référendum du 29 mai 2005 sur la Constitution européenne a été un autre moment révélateur de la poursuite de la crise de la représentation. Le rejet du projet par 55 % des Français, pour des raisons diverses mais qui ne tenaient qu'en partie à l'hostilité à la Constitution proposée, a bien été le signe d'un vote protestataire encore plus fort qu'auparavant : la plus grande partie de la classe politique avait, de fait, pris position en faveur du « oui ». Bien plus, la largeur du fossé se mesure aussi par la comparaison avec le référendum sur le traité de Maastricht en septembre 1992. Le « oui », à cette date, l'avait emporté, certes de justesse, mais le succès au moins relatif de la consultation attestait qu'une partie seulement de la société française avait alors basculé dans une attitude protestataire. En 2005, les observateurs s'accordèrent pour considérer la victoire du « non » comme le reflet d'un nouveau décrochage au sein de cette société : une partie des classes moyennes, à son tour, avait basculé dans un réel malaise sociopolitique. Or ces classes moyennes, on l'a vu, formaient l'ossature de la France issue des Trente Glorieuses. Le surcroît de déflation politique ainsi constaté touchait donc désormais le cœur de la communauté nationale.

L'élection présidentielle de 2007 a-t-elle constitué une sorte de confirmation de cette déflation politique aggravée ? L'historien, on l'a dit, ne peut conclure en temps réel. Pour autant, ont été alors observés, dans une circonstance qui est toujours le moment structurant de la vie politique française, un certain nombre de signes qui allaient en sens inverse du syndrome mis en lumière encore en 2002 et 2005. La participation des deux tours d'avril-mai 2007 s'est retrouvée à des taux rappelant ceux des premières décennies de la Ve République. L'extrême droite, loin de renouer avec son score de 2002, a connu un revers spectaculaire, tandis que les trois principaux candidats réunissaient ensemble les trois quarts des suffrages exprimés. Bien plus, le candidat de l'UMP et celle du PS rassemblaient à eux deux 57 % de ces suffrages : on était loin, à cette date, des 36 % de Jacques Chirac et Lionel Jospin. En dépit du résultat notable de François Bayrou, une bipolarisation PS-UMP a prévalu, confirmé par les élections législatives du mois suivant. Le quinquennat de Nicolas Sarkozy sera, à cet égard, essentiel pour répondre à cette question décisive : le moment 2007 a-t-il reflété une inversion notable, qui neutralisait le syndrome de 2002, ou n'a-t-il constitué qu'une parenthèse au cœur d'une tendance toujours à la crise de l'écosystème quinto-républicain ?

CONCLUSION

Pour un historien étudiant la Ve République, la conclusion, à ce stade, ne peut être que provisoire. Un écosystème sociopolitique, en effet, sorte d'alliage entre un dispositif institutionnel et un soubassement socioculturel, est un organisme vivant : entendons ainsi qu'il apparaît dans des circonstances précises, se développe dans des conditions données mais aussi se transforme et s'altère quand ces circonstances changent et que ces conditions évoluent. Comme cet historien n'est pas devin, sa compétence n'inclut pas la prédiction. Celle-ci serait, du reste, d'autant plus malaisée que les constituants d'un écosystème – institutions, société porteuse, valeurs partagées – ne se modifient pas au même rythme et se retrouvent parfois en décalage les uns par rapport aux autres. L'histoire des systèmes politiques est faite de ces réajustements politiques, réussis ou avortés, entre des rouages institutionnels et le socle socioculturel qui les porte. La règle et le consentement, qui fondent la légalité et la légitimité d'un régime, sont ainsi le fruit de tels réajustements, plus ou moins nécessaires selon les lieux et les moments.

Tout comme un écosystème doit être analysé à travers les jeux d'échelles géographiques dans lesquels il s'insère et qui influent, on l'a vu, sur son métabolisme historique, il faut donc, pour rendre compte d'un tel métabolisme, analyser également les jeux de temporalités qui interfèrent aussi dans l'équilibre de cet écosystème. Celui-ci doit être étudié dans le court terme du jeu politique qui en dessine la trame, mais aussi dans le moyen terme de l'histoire de ces décalages et de ces réajustements. Bien plus, cette histoire elle-même est à replacer dans des séquences plus larges qui lui donnent plus de sens. Ainsi, si l'on examine le demi-siècle d'existence de la Ve République dans une temporalité élargie, certains de ces aspects s'en trouvent éclairés d'une lumière différente. Dans les années 1930, en effet, l'écosystème républicain (l'expression est de Serge Berstein et Odile Rudelle), qui était devenu une structure sociopolitique stable dans les décennies qui avaient suivi l'avènement de la IIIe République, avait connu une crise profonde, encore accrue par le coup de tonnerre de la défaite de mai-juin 1940 et par l'instauration du régime de Vichy. Cela étant, cet écosystème s'était trouvé réactivé après la Libération et paraissait d'autant plus solide que la République s'incarnait non seulement à travers l'État-nation France, sorti de la guerre dans le camp des vainqueurs, mais aussi à travers l'État-providence alors en gestation. Le préambule de la Constitution de 1946, par sa teneur sociale, reflétait bien ce dernier aspect.

Cette République, quatrième du nom, prise dans une sorte de ressac de mémoire entre la geste de la France libre et une cinquième mouture qui tira une partie de sa légitimité de la faiblesse supposée de celle qui la précéda, demeure rétrospectivement la « mal aimée ». Elle parvint pourtant, en fait, avant que vienne pour elle le temps des difficultés, à réarmer le consensus républicain en alliant modernité et foi dans le progrès, la première étant considérée le garant du second. Le périmètre d'application de la modernisation du pays fut alors très ample : le politique – avec de nouvelles institutions données au pays en 1946 –, l'économie – avec les nationalisations et la planification – et le social – avec, notamment, la mise en place de la Sécurité sociale. Bien plus, au cours de la douzaine d'années qui suivit, pourtant lourde des problèmes coloniaux, la ligne d'horizon du pays commença à se déplacer : la France, en dépit de la rétraction géographique imposée par le processus de décolonisation, s'ouvrit davantage sur le monde ; elle se lança dans l'aventure européenne, et son économie, longtemps protégée, entra dans une nouvelle configuration, davantage dilatée aux dimensions de l'Europe et de la planète.

Cette IVe République, pour des raisons qu'il serait trop long d'analyser ici, connut une fin prématurée. Mais, en dépit des conditions contestées de l'avènement du régime suivant, le consensus républicain n'en sortit pas affaibli à nouveau. Bien au contraire, celui qui installa et bientôt incarna la Ve République multiplia les signes d'une continuité républicaine. La date gestatrice du nouveau régime est le 4 septembre 1958 : le général de Gaulle y présente aux Français le nouveau projet constitutionnel, place de la République, le même jour, quatre-vingt huit ans après, que la proclamation de la République après la chute du Second Empire. Depuis le 4 septembre 1870, mises à part les quatre années de l'État français entre 1940 et 1944, la République était devenue la forme française de la démocratie libérale et le choix de la date et du lieu de présentation de sa nouvelle version avait, bien sûr, valeur symbolique. Tout comme, du reste, la reprise, dans le préambule de la Constitution de 1958, non seulement de celui de 1946 mais, de surcroît, de la Déclaration des droits de l'homme et du citoyen de 1789. Il y avait bien là la revendication explicite d'une généalogie renvoyant à la scène primitive de la démocratie française et l'affirmation que le nouveau régime, loin de dilapider un héritage, entendait le faire fructifier.

La Ve République, au demeurant, peut, à bien des égards, s'analyser comme la poursuite de la consolidation du pacte républicain. À l'occasion du centenaire de la naissance du général de Gaulle, la série des colloques organisés en 1990 a été d'autant plus précieuse que, à travers l'étude et l'évocation de la vie du chef de la France Libre, ce sont aussi les différents aspects de son action qui ont été mis en perspective. Pour Pierre Nora, par exemple, le « rôle historique » de De Gaulle aura été « l'acculturation en profondeur de la droite à l'idée républicaine », aboutissant à « une forme nouvelle de ralliement » et à « une refondation de la République ». Le point peut certes être débattu, mais une telle analyse vient corroborer un constat plus général : une droite de sensibilité bonapartiste, qui avait entretenu jusque-là des rapports complexes avec la République, s'y intègre désormais de plain-pied et sans aucune arrière-pensée ; de surcroît, à travers la personne du général de Gaulle, elle est, en fait, elle-même l'auteur d'une telle mutation politique. Là aussi, ce constat peut faire l'objet d'une discussion, notamment historiographique, mais un fait demeure : le gaullisme, et notamment à travers la création de la Ve République, a été l'agent d'une mutation institutionnelle mais aussi plus largement politique, consolidant sur le moment le pacte républicain. La France du début des années 1960, en tout cas, a validé ce pacte en souscrivant massivement au nouveau dispositif institutionnel, modèle 1958 modifié 1962.

Ce nouveau dispositif et cette nouvelle mouture républicaine bénéficièrent, il est vrai, d'une conjoncture objectivement favorable. La prospérité commençant, à partir de la deuxième décennie des Trente Glorieuses, à toucher le plus grand nombre, les Français cueillirent dans leur vie quotidienne les fruits de la modernisation et comme, à cette date, le régime politique avait changé, c'est celui-ci qu'ils créditèrent d'une telle amélioration en cours. D'une certaine façon, et pour cette raison même, la Ve République apparut au plus grand nombre comme la structure politique d'accompagnement de la modernisation du pays et de sa métamorphose. Et comme cette métamorphose était placée à cette époque sous le signe des 4 P – paix, prospérité, plein emploi et progrès –, la Ve République apparut bien alors comme le cadre d'une délibération politique apaisée, elle-même sous-tendue par une société apparemment en paix avec elle-même. Le mot écosystème rend donc bien compte de ce moment de refondation et d'équilibre institutionnels.

Bien plus, par-delà le débat sur les modalités du changement de régime en 1958, la modification de la règle régissant l'agora s'est faite dans le consentement, donnant à la Ve République tout à la fois le fondement de la légalité et l'onction de la légitimité. De même que, à la fin du XIXe siècle, la République avait été non seulement un régime politique victorieux mais aussi, déjà, une sorte d'écosystème, de même la Ve République apparaissait comme la transcription politique d'un équilibre entre des institutions, une société en mutation et une vision du monde partagée : des rouages institutionnels acceptés, un socle sociologique affermi par la croissance et la prospérité, des valeurs communes, telle est, dans ses premières décennies d'existence, la Ve République. Même les débats idéologiques, à l'époque très durs, trouvent un débouché électoral à travers la bipolarisation droite-gauche en voie de coagulation à cette date. D'autant qu'au même moment, le PCF est engagé dans un processus de réintégration de plain-pied dans le jeu politique. De ce fait, les attaques venues de l'extrême gauche contre la démocratie « bourgeoise » et les libertés « formelles », largement incantatoires puisque déconnectées de la nature du régime et de la situation réelle de la société française, n'ont guère fermenté en dehors de quelques cercles restés étroits.

À partir des années 1980, pourtant, l'écosystème montra des symptômes de déséquilibre. La Ve République, loin d'être devenue la structure politique pérenne que paraissait déjà être, vers 1900, vingt-cinq ans après son installation officielle, la IIIe République, commençait au contraire à présenter des fissures. Non seulement la crise socio-économique avait lézardé son socle sociologique mais, de surcroît, les valeurs partagées avaient connu une forte érosion. Certaines des idéologies nourrissant l'air du temps tendaient désormais à considérer que toute autorité est pernicieuse et toute règle répressive, tandis que, plus largement, une effervescence multiforme stimulait la revendication du droit à la différence. Un tel glissement était assurément essentiel dans la mesure où la société française sortie du moule tertio-républicain avait notamment conservé son ciment grâce à l'aspiration de l'assimilation par la ressemblance.

Ces valeurs, en mue profonde dans une société elle-même emportée par une métamorphose qui ne semble pas, pour l'heure, déboucher sur un nouvel équilibre socioculturel, ne constituent pas la seule modification structurelle intervenue depuis l'enracinement du régime. Des relèves générationnelles se sont également produites. Pendant les vingt-cinq premières années d'existence de la Ve République, deux strates de Français ont été essentiellement concernées par la participation électorale qui a jalonné ce premier quart de siècle : la strate de ceux en âge de voter durant la première décennie de cette existence, notamment lors de ces étapes essentielles que furent 1958, 1962 et 1965, et celle des *baby-boomers,* venue au vote entre 1967 et 1974. La première conserva sans doute, par-delà l'existence du clivage droite-gauche, un attachement au régime en raison, notamment, de l'instabilité qui précéda 1958. Et si la seconde contesta en 1968, ce fut moins le régime que la société qui fut l'objet de cette contestation. Les taux de participation de l'élection présidentielle de 1974, comparables à ceux de 1965, montrent bien, du reste, que cette deuxième strate adhéra elle aussi au jeu des institutions. De ce fait, jusqu'aux années 1980 le corps électoral ne fut constitué que de strates générationnelles ayant connu directement, fût-ce à l'adolescence, ce régime dans sa phase d'installation ou d'épanouissement et qui en retinrent, même de façon subliminale, le caractère à l'époque stabilisateur et modernisateur. À partir de ces années 1980, en revanche, au moment même où la Ve République commençait à être confrontée à une crise multiforme, et notamment dans le domaine de la représentation politique, les nouvelles générations qui, tour à tour, commencèrent à s'intégrer dans le corps électoral le firent dans un contexte d'essoufflement, au sein d'un écosystème déstabilisé.

Bien plus, ces relèves opéraient à un moment où la Ve République atteignait le cap de la trentaine puis de la quarantaine. Or le seul régime depuis 1789 pour lequel s'est ainsi posée la question des relèves de générations et du passage du cap de la quarantaine fut celui de la IIIe République. Pour celle-ci, la troisième génération de citoyens fut celle des tranchées, et l'alliage avec le régime s'opéra au feu de la guerre. Cette génération en sortit décimée mais solidement arrimée à un système politique pour lequel elle avait versé son sang : pour cette raison, la République, même amoindrie par la crise des années 1930, resta un bien commun et une valeur-ciment, que seule la défaite de 1940 abattit.

Assurément, il ne s'agit pas de considérer ici que seul le tribut du sang est susceptible de permettre le passage d'un régime à une troisième puis une quatrième génération de citoyens, les premières qui ne soient pas directement reliées à la période fondatrice, mais d'observer que, mis à part cet exemple de la IIIe République, un tel passage est historiquement inédit. La Ve République doit donc inventer son second âge sans précédent historique comparable, et de surcroît dans une France que la crise a fragilisée et dans laquelle réapparaissent progressivement soutiers et oubliés, que les Trente Glorieuses avaient durablement placés en contre-jour. L'une des questions majeures y est, de ce fait, devenue la suivante : comment repenser les notions de redistribution, de transferts sociaux ou de générosité dans une situation de recomposition idéologique ? Le ralliement du Parti socialiste à l'économie de marché, la corrosion du marxisme comme facteur d'explication du monde, l'implosion des régimes communistes, la victoire apparente du libéralisme économique, le processus de globalisation, autant de changements qui rendent la réponse à cette question encore plus complexe.

Une telle complexité est également avivée par le fait que l'agora apaisée des premières décennies de la Vᵉ République a laissé la place à une société où des ferments de violence civile paraissent à nouveau à l'œuvre. Le nouveau régime s'était épanoui en une époque, les années 1960, qui semblait l'aboutissement d'un long « processus de civilisation » (Norbert Elias) pluriséculaire, marqué par l'affinement progressif des mœurs et, notamment, du rapport de soi à autrui. Mais, dans une communauté nationale frappée de déchirure sociale et, bientôt, de morcellement culturel, l'ordre républicain, tout à la fois garant et symbole, jusque dans sa charge sémantique, de l'écosystème, s'est trouvé progressivement battu en brèche et confronté à un dérèglement de ce « processus de civilisation ».

Bien plus, une telle inversion de tendance a lieu en même temps que se développent d'autres processus d'inversion, eux aussi historiquement très denses. La politique qui, à bien des égards, constituait en France le ciment de la communauté nationale, a connu, on l'a vu, une sorte de déflation : le pouvoir délégué, fondement pourtant du fonctionnement démocratique, est progressivement apparu à nombre d'électeurs comme appartenant à un autre monde que le leur et n'entraîne plus de leur part un phénomène durable d'identification. Ce sentiment d'extériorité, qui sape la règle et amoindrit le consentement, a donc été un facteur de versatilité des opinions publiques, travaillées de surcroît par des fébrilités et des émotions collectives venues de l'audiovisuel. A commencé à se développer, de ce fait, une « démocratie d'opinion » ou « démocratie du public ». Mais un tel processus d'interférence entre la sphère de circulation de la culture de masse et le domaine de la représentation politique s'est, de surcroît, enclenché au sein d'une société dont les repères ont changé. La ligne d'horizon qui en fondait les règles et en sous-tendait les consensus a longtemps été la croyance dans le progrès. Celle-ci dessinait un but, proposait un horizon d'attente – qui lui-même focalisait le débat entre les diverses cultures politique –, et constituait l'un des ciments de cette société. Or, sous le choc de la crise multiforme qui a touché celle-ci, le progrès est devenu un facteur anxiogène, car apparaissant davantage comme porteur de déstabilisation que d'un avenir rassurant. L'au-delà de la ligne d'horizon semble s'être transformé en un point d'interrogation collectif, et le régime politique qui a en charge la gestion des passions civiques mais aussi des affects nationaux ne peut qu'en subir les contrecoups. D'une certaine façon, c'est la prolifération audiovisuelle qui s'est substituée à cette ligne d'horizon et qui devient le fondement de l'harmonie sociale. À cela près qu'un fluide n'a jamais constitué un ciment et que la culture de masse ne crée donc pas par elle-même un véritable lien social. Ce qui renvoie *in fine* à la question de l'écosystème sociopolitique : son déséquilibre actuel est d'autant plus pernicieux que le ciment politique est devenu très friable et que le tissu social est déchiré, sans qu'« opinion » ou « public » aient trouvé pour autant d'autres éléments de réelle structuration.

Pour toutes ces raisons, si le débat sur la réforme, voire la refonte, des institutions de la Ve République a son importance et sa noblesse, ce régime est plus largement confronté à un problème structurel : l'alliage dont il est le produit n'a pas subi seulement les corrosions inévitables du temps, il se trouve de surcroît fragilisé dans sa composition même par une métamorphose du pays d'une ampleur telle que les réajustements nécessaires dépassent la question des réadaptations institutionnelles. La France a connu une mue sans précédent et, autour d'elle, le monde a changé. Non seulement le passage de la communauté nationale à une société post-industrielle a créé des déséquilibres politiques et culturels, mais son insertion au sein de la globalisation a profondément bouleversé la donne au cours de ce demi-siècle d'existence de la Ve République.

BIBLIOGRAPHIE

ÉTUDES GÉNÉRALES

Avant 1958

Berstein Serge et Rudelle Odile, *Le modèle républicain,* Paris, PUF, 1992.

Morabito Marcel, *Histoire constitutionnelle de la France (1789-1958),* Paris, Montchrestien, 10e éd., 2008.

Sur l'ensemble du XXe siècle

Rémond René, *Notre siècle (1918-1991),* réédité sous le titre *Le siècle dernier (1918-2002),* Paris, Fayard, 2003.

Sirinelli Jean-François (sous la dir.), en collaboration avec Robert Vandenbussche et Jean Vavasseur-Desperriers, *La France de 1914 à nos jours,* Paris, PUF, 1993, nouv. éd., 2004.

Sirinelli Jean-François (sous la dir.), *Dictionnaire historique de la vie politique française au XXe siècle,* Paris, PUF, 1995, rééd., Paris, PUF, « Quadrige », 2003.

Sur la Ve République

Bernard Mathias, *La France de mai 1958 à mai 1981,* Paris, Le Livre de poche, 2003.

Bernard Mathias, *La France de 1981 à 2002,* Paris, Le Livre de poche, 2005.

Sirinelli Jean-François, *Les Vingt Décisives. Le passé proche de notre avenir, 1965-1985,* Paris, Fayard, 2007. (Certaines des hypothèses et analyses dans le présent « Que sais-je ? » y sont plus largement développées.)

ÉTUDES PARTICULIÈRES

Becker Jean-Jacques et Candar Gilles (sous la dir.), *Histoire des gauches en France,* t. II, Paris, La Découverte, 2004.

Bergounioux Alain et Grunberg Gérard, *L'ambition et le remords. Les socialistes français et le pouvoir, 1905-2005,* Paris, Fayard, 2005.

Berstein Serge, Milza Pierre et Sirinelli Jean-François (sous la dir.), *Michel Debré, Premier ministre,* Paris, PUF, 2005.

Berstein Serge et Sirinelli Jean-François (sous la dir.), *Les années Giscard. Les réformes de la société, 1974-1981,* Paris, Armand Colin, 2007.

Chauvel Louis, *Le destin des générations,* Paris, PUF, 1998, 2e éd., 2002.

Courtois Stéphane et Lazar Marc, *Histoire du Parti communiste français,* Paris, PUF, 1995, 2e éd., 2000.

Fourastié Jean, *Les Trente Glorieuses,* Paris, Fayard, 1979, rééd., Hachette Littérature, « Pluriel », 1980.

Habert Philippe, Perrineau Pascal et Ysmal Colette, *Le vote éclaté. Les élections régionales et cantonales des 22 et 29 mars 1992,* Paris, Presses de la Fondation nationale des sciences politiques, 1992.

Institut Charles de Gaulle, *De Gaulle en son siècle,* 6 vol., Paris, La Documentation française, 1990-1992.
Lachaise Bernard, Le Béguec Gilles et Sirinelli Jean-François (sous la dir.), *Jacques Chaban-Delmas en politique,* Paris, PUF, 2007.
Manin Bernard, *Principes du gouvernement représentatif,* 1re éd., Paris, Flammarion, 1996, « Champs », 2000.
Mendras Henri, *La seconde Révolution française. 1965-1984,* Paris, Gallimard, 1988.
Mendras Henri (sous la dir.), *La sagesse et le désordre. France 1980,* Paris, Gallimard, 1980.
Rieffel Rémy, *Que sont les médias ?,* Paris, Gallimard, « Folio Actuel », 2005.
Rioux Jean-Pierre et Sirinelli Jean-François (sous la dir.), *La France d'un siècle à l'autre,* Paris, Hachette Littératures, 1999, rééd. « Pluriel », 2002.
Sirinelli Jean-François (sous la dir.), *Histoire des droites en France,* 3 vol., Paris, Gallimard, 1992, rééd., « Tel », 2006.

TABLE DES MATIÈRES

DEUXIÈME PARTIE

UN ÉCOSYSTÈME EN CRISE

Imprimé en France
par JOUVE
1, rue du Docteur Sauvé, 53100 Mayenne
novembre 2010 - N° 585772Z

JOUVE est titulaire du label imprim'vert®